U0926723

福建省社会科学普及出版资助项目说明

福建省社会科学普及出版资助项目由福建省社会科学界联合会策划组织和资助出版，是面向社会公开征集的大型社会科学普及读物，旨在充分调动社会各界参与社会科学普及的积极性、创造性，推动社会科学普及社会化、大众化，为社会提供更多更好的社会科学普及优秀作品。

福州老洋房史画

林曦　著

厦门大学出版社
XIAMEN UNIVERSITY PRESS
国家一级出版社
全国百佳图书出版单位

图书在版编目（CIP）数据

福州老洋房史画 / 林曦著. -- 厦门 ：厦门大学出版社，2023.3
ISBN 978-7-5615-8832-1

Ⅰ. ①福… Ⅱ. ①林… Ⅲ. ①古建筑—介绍—福州 Ⅳ. ①K928.571

中国版本图书馆CIP数据核字(2022)第190745号

出 版 人 郑文礼
责任编辑 韩轲轲
美术编辑 李夏凌
技术编辑 朱 楷

出版发行 厦门大学出版社
社　　址 厦门市软件园二期望海路 39 号
邮政编码 361008
总　　机 0592-2181111　0592-2181406(传真)
营销中心 0592-2184458　0592-2181365
网　　址 http://www.xmupress.com
邮　　箱 xmup@xmupress.com
印　　刷 厦门集大印刷有限公司

开本 720 mm×1 000 mm　1/16
印张 10.75
插页 2
字数 150 千字
版次 2023 年 3 月第 1 版
印次 2023 年 3 月第 1 次印刷
定价 45.00 元

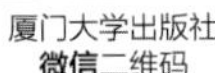
厦门大学出版社
微信二维码

厦门大学出版社
微博二维码

序

近代福州出了许多著名爱国志士，从禁烟英雄到辛亥英烈，从清末帝师到启蒙学者，从国府主席到巾帼先锋，他们在文化思想、革命精神上一脉相承，缔造了中国近代人文奇观。

一百多年前，帝国主义列强的入侵令中华民族危如累卵，惶急关头是这些爱国志士挺身而出，带领大家向西方学习，并将西方先进科学技术与中国传统文化创造性地融合，勇敢地吹响了反帝反封建、民主革命的号角。

本书以福州老洋房为媒介，用适当的篇幅、简练的文字、具象的插画，讲述当时发生的错综复杂、跌宕起伏的斗争风云。笔者希冀通过本书，首先普及地方人文知识。以福州这段特殊时期建筑产生与发展的历史为纽带，了解和认识福州人民反帝反封建和民主革命的斗争历程和历史功绩。其次，丰富人们的精神生活。文字描述与绘画创作相结合的表现形式，有助于提炼福州老洋房不朽的灵魂和优美的印记，增加阅读的直观性和形象性，使本书成为通俗易懂的大众读物。再次，提升对老建筑的保护意识，引发人们对福州老洋房遗存的关注，让越来越多的现代人知晓保护这些建筑遗产和精神财富的重要性。最后，开发文化与旅游产业。福州老洋房数量大且风格各异，又有许多与之相关联的名人足迹、历史故事等，不仅能吸引人们访古寻幽，促进文旅事业发展，更能增强文化自信，激发人们的爱国热情和奋发有为的精神。

福州老洋房的引入主要有两种渠道，一种是福州开埠后，随着帝国主义列强的入侵被直接带到福州，除了教堂以外，其他类型建筑普遍采用了殖民式建筑样式。一种是20世纪20、30年代，福州籍华侨返乡时引进的南洋殖民式民居，大多属于英国维多利亚及其变种的西式风格。它们虽然都属于殖民式建筑，但因受不同地区文化、风俗、建造技术等综合影响，还是存在许多差异。由于篇幅所限，本书就不细分西洋、南洋的老洋房，统一归为西式风格建筑。

本书将福州老洋房分门别类，选择代表性建筑，力求简明扼要，希望对广大读者都能有所帮助，更祈望大家能珍惜、热爱历史文化遗产，同心协力保护这些具有时代特色的老建筑，为福州申请世界文化遗产工作贡献一份力量。

林曦

于闽都抚云轩

2022年6月

目 录

引 子

行走在福州现代化的城市街区，在鳞次栉比的高楼间，我们还时不时能瞥见有别于中国传统、具有异域特色的，被人们称作老洋房的建筑。福州为什么会有这些建筑？它们是如何产生的？它们属于何种风格流派？有哪些功能类型？为什么有些区域较多、较集中？它们曾经对福州发挥过怎样的作用？现在保护这些建筑有何意义？带着众多的疑问，让我们走近这些老洋房，去了解它们的历史，进而揭开它们神秘的面纱。

位于仓山区程埔路七星巷 2 号的林森公馆与周边现代化的高楼形成鲜明对比

第一章 福州老洋房的产生与发展

福州历史悠久，人文荟萃。福州的建筑经过两千多年的积淀，逐渐形成既有中华民族传统本色，又有地域、民俗、时代特征的风貌。然而，一百多年前帝国主义列强发动的侵华战争，以及围绕这些战争所引发的中国重大社会变革和思想观念变化，使福州的建筑脱离常规衍化，进程发生了突变。

1842 年 8 月 29 日，鸦片战争失败后《南京条约》的签订，迫使中国开放厦门、福州、宁波、上海、广州为对外通商口岸，从此清政府的闭关锁国政策被帝国主义的枪炮攻破了。

帝国主义列强之所以要求将福州开辟为通商口岸，是因为福州地处东南沿海，毗邻台湾海峡，交通条件十分优越，是福建省的政治、经济及货物进出口和集散的中心。福建省还是当时著名的产茶中心之一，是一个对外的主要茶叶供应地。福州作为中国最大的茶叶港口，不仅方便侵略者掠夺资源，还便于倾销商品、输出资本等，早已为帝国主义所垂涎。福州口岸开埠通商后，英国、美国、法国、德国、俄国、意大利等国家就先后在此购买或租用土地，设立领事馆、代办处、洋行、银行，建造教堂、西式学堂等作为对华侵略的办事机构，情报收集和殖民教化、宗教传播的场所。各个国家、不同风格流派的西式建筑，随着帝国主义的侵略活动而涌入福州。

福州开埠之初，由于受到当地官员、士绅及民众的阻挠，帝国主义列强在福州城内购地建房的企图一时没能得逞，他们就用蛮横无理的方式使国人屈服，而且变本加厉，得寸进尺。后来由于种种不利因素，如离南台码头甚远，办公、经商不便等，他们才不得不主动放弃城区。接着，他们首选仓山，因为这里风景优美、气候宜人，更有便利的水路航运及适合轮船停靠的码头，是福州对外贸易的最佳场所。从南台的泛船浦开始，一直延伸到仓前山一带，他们凭借势力，广置地产，大兴土木，兴建起了西式办公楼、公馆、教堂、别墅及俱乐部等，方便工作与生活享乐需要。其次是看中生态环境怡人的鼓岭，将之开发为避暑度假的胜地。英、法、美等 20 多个国家的在榕人员成立鼓岭联盟，先后建了 300 多座各式各样

梅园监狱建在马尾马限山上，此处靠近闽江，山上树木葱郁，相当隐蔽。英国人常在外廊上架设望远镜窥探闽江航运情况，为其经济掠夺提供情报

的别墅，还建造了教堂、医院、俱乐部、邮局、游泳池和网球场等配套设施，使鼓岭不仅具备避暑功能，还是居留福州的外国人社交的场所，成了一个集工作、生活和娱乐为一体的近代化小城镇。最后是马尾的马限山，他们在此修建殖民建筑群，目的是窥探闽江航运情报、监视马尾船政军工密情和镇压反抗民众等。

帝国主义的强势入侵彻底打破了清王朝“天朝上国”的迷梦，中国政局风云巨变。在风雨飘摇中，清政府宣布变法、实行新政，向西方学习成为当时中国社会的一种潮流。

这种潮流也波及建筑领域，成了国人积极学习、引进西方建筑体系的驱动力。与中国传统木结构建筑体系比较，西方建筑体系具备现代建筑类型、功能、形式与技术。受西方建筑的影响，福州一些传统建筑的外观做了局部的改造，但总体样貌并没有改变。西方舶来的建筑体系则被福州的一些私宅府邸、工厂、商贸等建筑快速模仿，并与原有风格融合，它们不仅具备国外的建筑思想、建筑技术、建筑装饰等，还融汇了中国传统建筑文化、艺术、地域风情民俗等诸多元素，形成中西合璧的全新的建筑体系。它们的产生与发展，使古老传统的福州向近代化城市迈进。

而帝国主义列强争先恐后在福州建造各种西式建筑，其真实动机并

魏源（1794—1857），清末思想家、史学家、文学家。受林则徐了解和学习西方思想的影响，在其著作《海国图志》中提出“师夷长技以制夷”的观点，即向洋人学习先进技术，用以抵抗洋人的侵略，达到克敌制胜的目的。这一主张成了向西方学习的思想源头，对于后来的维新变法运动起了积极的推动作用

非为了推进福州城市近代化建设的进程，而是为了便于他们侵略，只是充当了历史的不自觉的工具。正如马克思在评价英国在印度的殖民统治时期造成的社会革命时所说的：“英国不管是干出了多大的罪行，它在造成这个革命的时候毕竟充当了历史的不自觉的工具。”

习近平总书记在《福州古厝》序言中写道：“保护好古建筑、保护好文物就是保存历史，保存城市的文脉，保存历史文化名城无形的优良传统。”如今，老洋房已经成为福州古厝不可分割的组成部分，成了文物保护的对象。福州老洋房包括国人学习、借鉴西方建筑而产生的新建筑体系，也涵盖了帝国主义列强建造的建筑，以及近代福州籍华侨返乡时构筑的西式风格民居，它们都是福州地方历史文化遗产的重要载体和内容，共同见证着福州城市的发展变化。通过它们，我们可以跨越时空了解福州特定历史时期的社会背景，认识福州半殖民地半封建社会的概况，以及福州人民在反帝反封建斗争和民主革命中的历史功绩。

党的二十大报告提出，繁荣发展文化事业和文化产业，加大文物和文化遗产保护力度，加强城乡建设中历史文化保护传承，建好用好国家文化公园。老洋房丰厚的历史文物价值、观赏价值及所蕴含的人文精神，不仅有利于发展文化与旅游产业，繁荣社会经济，更能增强文化自信，激发人们的爱国热情和民族精神，促进优秀文化的传承与创新。因此，加强对老洋房的保护、研究与可持续发展利用，对推动传统文化产业与经济增长，提升公共文化服务水平，满足人民对美好生活的需求，以及建设高品位历史文化强省等都具有重要的意义。

台江区上下杭近现代历史建筑风貌街区吸引众多游客观光游览

第二章 领事馆建筑

第一次鸦片战争是中英商业贸易冲突的产物，冲突的主要原因是在正当的中英贸易中，中国总是处于出超的地位，英国就利用非法的鸦片走私来挽回贸易逆差，极大地损害了中国的利益和国民的身体健康，激起清廷朝野的极端愤怒。另外，英国为了降低购买武夷山茶的成本和更大范围地倾销剩余产品，多次向中国正式提出增开通商口岸的请求，但都被清政府拒绝，英国恼羞成怒，双方剑拔弩张，战争一触即发。

19 世纪初，鸦片就已在中国泛滥成灾，出现了民弱银荒的悲凉景象，中国有识之士振臂疾呼，敦促清政府开展禁烟运动。1838 年 12 月，道光帝命林则徐为钦差大臣，前往广州查禁鸦片，后来发生了彪炳史册的“虎门销烟”。禁烟运动使中国民众看清了英国的险恶居心，加深了对鸦片危害性的认识，也唤醒了中国人的爱国意识和民族精神。

林则徐（1785—1850），福州人，清末政治家，禁烟派代表人物。为了解西方情况，派人翻译外文书报，编纂《四洲志》《华事夷言》等，被誉为中国近代“睁眼看世界第一人”。1839 年 6 月，与两广总督邓廷桢严令英、美烟贩缴出鸦片 237 万多斤，在虎门海滩当众销毁。1840 年 10 月，受诬革职，次年派赴浙江协办海防，不久充军新疆。1850 年，奉旨为钦差大臣，往广西镇压农民起义，途中病逝于广东普宁。有《林文忠公政书》等，今辑为《林则徐集》

禁烟运动激化了中英之间的矛盾，成为第一次鸦片战争爆发的导火索，最终英国通过武力打败了清政府，带领其他帝国主义国家开启了深入侵略中国的历史。

福州作为福建省首府，如果开放，洋人与当地人杂居一处势必会影响清政府的统治和社会安定。另外，福州通商将使广东、江西陆路武夷茶运输线上数以万计脚夫失业，这也是一个非常棘手的社会问题。事实证明，太平天国运动与失业的脚夫有着千丝万缕的联系，因此清政府是极不情愿福州开埠的。在议定《南京条约》过程中，道光帝令耆英与英国多次商酌，力争将福州口岸撤去，甚至以另择其他口岸作为交换条件。然“福州通商，意在武夷山茶”，英国方面坚决不肯让步。既然福州口岸保不住，就只能另想办法阻止英国人进福州城了。

当时中英政府间的外交事务往来，中方由广州钦差大臣负责，英方由香港总督处置。1844 年 6 月，受时任香港总督德庇时（John Davis）的委派，李太郭（G. Tradescant Lay）以首任英国驻福州领事的身份来到福州。

福州被迫开埠，严重伤害了清廷的尊严，况且福州还是禁烟英雄林则徐的故乡，福州百姓对鸦片战争有着刻骨铭心的仇恨，因此官府、士绅及民众同仇敌忾，要对洋人进城区的企图予以坚决抵制。李太郭一行抵达福州后便开始找寻领事馆馆址，而福州的地方官员不做任何的安排与配合。经过一段时间的拖延，闽浙总督刘韵珂、福建巡抚刘鸿翔、藩司徐继畬等才督饬地方官员，于城外鸭姆洲寻找到几间民房租借给他们。李太郭见环境过于肮脏简陋，担心领事馆人员身体健康，又怕城外有强人盗匪等，当即通过香港总督向广州钦差大臣提出严正抗议，争夺在城内设领事馆的权力。中方则依据《五口通商》章程，坚持认为外国人不能进城，只能在城邑即城外居住或经商，且以强行租用城内民房，如引发百姓暴动，官府也无法保证他们的人身安全为理由拒绝。

可是，香港总督多次强硬通牒和武力威慑，李太郭言辞激切，一再纠缠，最终还是艰难地租下城内乌石山积翠寺庙宇的一部分，作为英国驻福州领事馆的办公场所。1845年2月，李太郭与他的属下迁入，英国国旗首次在福州升起，第一个外国驻福州领事馆设立。当时福州仅有英国一家领事馆，因此英国领事馆不仅处理本国外交、贸易等事务，也代理各国驻福州的侨务。

英国虽然于福州城内设立了领事馆，但条件差强人意，不仅住得不舒适，而且福州人民的敌对情绪有增无减，双方摩擦不断，英国领事和馆员们都愤懑不已。另外，英国领事大多具有双重身份，一般既是领事又是商人，乌石山与南台码头相距甚远，不方便他们办公、从事贸易等活动。经过考察，英国人发现南台岛的仓山更有利于设立领事馆，一是交通十分便利，经观井路可通达泛船浦码头，同时经万寿桥（今解放大桥）又能联络福州城区的地方官府；二是地理位置高，视域宽广，可以监视闽江航运及市区动态。于是在1854年英国提出承租南台天安寺、双江台空地作为领事办公处，以及大桥以南观音井等处屋、地作为储货和居住场所。经过多年博弈，英国终于出于多方原因要撤出城区在仓山落脚。既然洋人自行提出，清政府也就顺水推舟，允准他们的请求，并指示地方官员，对以后在仓山申请租房、购地的外国人都一律予以办理。1855年，英国政府购买位于今仓山区烟台山麓乐群路10号（现为红军园）的地皮作为新领事馆馆址，新领事馆于1859年落成并正式投入使用。

此后福州口岸贸易飞速增长，泛船浦码头的重要性凸显，仓山逐渐成为外商云集之地。帝国主义国家趋之若鹜，纷纷来此设立领事馆。1854年美国设领事馆，1861年法国设领事馆。1863年至1880年，相继有荷兰、丹麦、瑞典、挪威、西班牙、葡萄牙、德国、俄国、日本、奥匈帝国设立领事馆。1900年至1903年，又有比利时、意大利、墨西哥设领事馆。前后共计16国、设立16个领事馆（英国独设两馆，瑞典与挪威共建一馆），[①]主要分布在对湖、仓前山、乐群路一带。从此仓山被外国势力所占据，形成福州的领事区、教化基地、外贸及航运中心。

作为早期进入中国的建筑，外国驻福州的领事馆多为殖民式建筑样式。殖民式建筑是随着帝国主义列强的侵略脚步而被带到亚洲的，并在引入的过程中融汇了当地的文化、艺术、风俗、建筑工艺等，形成一种全新的建筑类型。殖民式建筑大都有矩形或者稍有变化的矩形平面和西式四面坡屋顶，单层或二到三层，体量较为高大。单面、两面、三面或者四面建有外廊，外廊非常宽敞，不但能避免阳光直射，还能通风挡雨，是一种多用途的通透空间。室内还建有壁炉，屋顶设有壁炉烟囱。宽敞的外廊和壁炉很适合福州炎热的夏季及寒冷潮湿的梅雨季节使用，因此殖民式建筑在福州的领事馆、官邸、洋行、银行、学校、俱乐部等多种类型建筑中得到广泛应用。

虽然采用了殖民式建筑样式，但由于不同国家在建筑文化、风俗民情等方面存在差异，各个国家驻福州的领事馆建筑又各具特色。这些建筑一般先由各自国家的建筑师设计，再由福州当地的工匠承建。筑房过程中，工匠们一边按西方技术要求施工，一边下意识地将福州本土的传统建造技艺和个人的创意运用于建筑中，这无疑又为中西合璧式建筑的产生创造了条件。

下面根据进驻时间先后，介绍几座个性鲜明的领事馆建筑及其历史嬗变。

---

①据《仓山区志》记载，1854年至1903年间共有16个国家在仓山设立驻福州领事馆，现在宣传中常见有17个国家的说法，是将奥匈帝国视作奥地利与匈牙利两个国家，而当时奥匈帝国尚未解体。

英国驻福州领事馆，位于仓山区乐群路 10 号，建于 1859 年

英国驻福州领事馆为 2 层砖木结构殖民式又带有新古典主义倾向的建筑，造型端庄稳重。建筑坐北朝南，北侧朝向闽江。平面近似正方形，占地面积 551 平方米。立面一层不发券，二层为拱券窗，窗间有扶壁柱贯穿两层。二楼端头开间设两个小拱券窗，上面装饰矩形花窗。不同形状、大小的窗户组合，增强了立面的形式美感。廊道贯通四面，拓展了使用空间。南立面一层门厅部位向前突出，为领事馆入口平台。入口二层悬挑阳台，檐口装饰西式枭混曲线断面线脚，顶部正中建有女儿墙和老虎窗。

英国驻福州领事馆是第一个在仓山设立的领事馆，地理位置显要，

英国驻福州领事分馆，位于马尾马限山山顶，建于 1870 年

交通便利。20 世纪 50 年代，英国人撤走后领事馆等建筑闲置。1967 年，英国政府宣布出售领事馆产权，被福建省军区购买。1978 年，福建省军区将领事馆建筑拆除，在原址上建干部休养所，即现在的“红军园”。

英国还在马尾的马限山山顶建有一座领事分馆。领事分馆为单层砖木结构殖民式建筑，平面为凹字形，呈中轴对称。外墙由青砖砌成，檐部装饰红砖带及叠涩线脚。内部装修用料奢华，制作工艺精湛。其精美的樟木镶板，被 20 世纪 30 年代英籍教授麦克福（P. Metcalf）称赞为“罕见的，难以复制的精品”。该楼宣称为英国驻福州领事分馆，实际是英国的海员俱乐部，也是其从事间谍活动的场所。

1866年，英国政府探知清廷将在马尾创办船政局，就抢先一步占得马限山山顶地块，便于日后监视船政局军工企业和窥探闽江航运情况。1870年，建成领事分馆等几座豪华建筑，还配套建了一座监狱，用来关押抗英志士。此前，英国人认为福州地方官府包庇、纵容与英国抗争的民众，就在仓前山租房作领事馆监狱，审讯、羁押国人。由于此举触犯了清朝律例，又是在众目睽睽之下侵犯当地人，可能会引发更严重的外交事件，于是英国人在地偏人稀的马限山山顶修建了附属监狱。领事分馆与监狱等建筑建有围墙，戒备森严，禁止中国人涉足。

领事分馆与监狱周边遍植梅树，故有“马限山梅园”之称。二战时，为显示同盟国间的团结与友谊，英国于1942年将马限山梅园产业无偿移交给中华民国海军部，李世甲司令代表海军部接收。如今，作为近代外国驻福州领事馆史迹陈列馆和监狱遗存对外开放，它们时刻警醒国人：勿忘国耻，警钟长鸣；牢记历史，振兴中华。

2020年，马限山梅园建筑群被公布为福建省省级文物保护单位。

美国驻福州领事馆坐北朝南，依山而建，为3层砖木结构殖民式与新古典主义结合的建筑。东立面一层设突出约3米的石砌拱券外廊，二层为露台。正面设台阶，由东向西历阶而上，二层开入户大门。南立面造型不对称，东侧是突出的外廊，顶部为弧形梁。廊柱仿古罗马塔司干柱式，中间2对为圆形柱，其余3根为方形柱。屋顶为四面坡组合型，小青瓦屋面，正立面凸出部分作平屋顶，建有山花和女儿墙。

1854年，旗昌洋行的克拉克（D. O. Clerk）被任命为美国驻福州代理领事，租用乐群路的民房作领事馆。因福州口岸贸易繁荣发展，1855年美国政府正式委派骊士格立（Caleb Jones）为首任领事进驻福州。1891年2月，领事葛尔锡（Samuel L. Gracry）租用怡和洋行（Jardine Matheson & CO.）大

美国驻福州领事馆，位于仓山区麦园路 84 号，约改造于 20 世纪 30 年代，符合美国崇尚自由、活泼，善于融汇创新的设计风格

楼（位于今爱国路 2 号）办公。在任期间，葛尔锡为追求拥有一座属于美国产权的领事馆而多次致信政府，强烈建议买下怡和洋行大楼作为领事馆固定办公处，但始终未获批准。美国政府约于 20 世纪 30 年代购买了此处产权，并对建筑重新设计改造后迁入，美国终于拥有真正属于自己的领事馆，葛尔锡的愿望多年之后得以实现。

2013 年，美国驻福州领事馆被公布为福建省省级文物保护单位。

法国驻福州领事馆面向东南，为3层砖木结构殖民式风格。建筑长18.5米，宽23.7米，高11.4米，占地面积438平方米。底层为石构拱券外廊，二、三层为砖砌墙体，表面粉饰水泥砂浆，开有拱券、方形及尖券窗。东南、西北两立面入口处均设双合式台阶，中央开间为门厅。门厅前都建有门廊，门廊上方是木制阳台，围弧形靠背木栏杆。

1900年至1909年，法国著名诗人、剧作家和外交官保罗·克洛代尔（Paul Claudel，1868—1955）曾在法国驻福州领事馆居住、办公，故又称为保罗·克洛代尔旧居。此外，该馆还先后为天主教多明我会主教公署、美孚洋行、福州扶轮社、中国救济总署福州分署、齐鲁大学医学院、

法国驻福州领事馆，位于仓山区乐群路23号，约建于19世纪80年代

保罗·克洛代尔，曾任法国驻中国领事和驻日本、美国、比利时等国大使。作品有诗集《五大颂歌》《战争诗集》《那边的弥撒》《认识东方》等，剧本《城市》《受火刑的贞德》《缎子鞋》等

婴德小修院等使用，是一座历史厚重的建筑。

从 1895 年起，保罗·克洛代尔在中国工作、生活了 14 年，先后担任过法国驻北京使团首席秘书，法国驻上海、天津、福州领事，对中国的社会现实有着深刻睿智的认识和看法。1900 年秋，孙中山在开往中国的邮轮上与保罗·克洛代尔邂逅，与他交流了关于中国的前途、命运的看法后更加坚定了反清革命的决心。

保罗·克洛代尔虽然鄙视腐朽的晚清政府，却十分欣赏中国的文化和风土人情。在任法国驻福州领事的 9 年时间里，他忠于祖国，恪尽职守，如一丝不苟地收集法英茶叶与丝绸贸易竞争的最新数据、竭尽全力促成中法重建马尾船政合作事宜等。工作之余，他游历了中国的许多地方，将所见所闻辑入散文诗集《认识东方》。他对福州情有独钟，用“玫瑰和蜜的颜色”来形容福州的乡村景象。保罗·克洛代尔的文学作品令法国读者对中国产生了美好的憧憬和强烈的造访中国的愿望。法国总统蓬皮杜（Georges Pompidou）夫人说，她和丈夫对中国的认识和喜爱源于保罗·克洛代尔的《认识东方》。2007 年，比利时维尔顿市荣誉市长、议员埃尔·萨尔福（El Salfo）怀着崇敬的心情，来到烟台山寻访他的老师保罗·克洛代尔赞颂过的地方……有评论家评价说，“保罗·克洛代尔是现代法国文坛上介绍中国文化的第一人”，“从保罗·克洛代尔开始，中国文化进入了法国文学和法国人的视野中”。

德国驻福州领事馆位于禅臣花园内，为砖木结构殖民式建筑。主体建筑3层，左端头为突出的多边形房间。底层为拱券外廊，正立面建一附属间，顶上是露台，左边设直上式台阶与之相通。建筑右侧为4层多边形塔楼，主体建筑和塔楼顶部均做雉堞式女儿墙。周边建有玻璃花房、喷泉、凉亭等，栽种世界各地的奇花名木。园内绿茵蓊郁，美不胜收。

1864年，德国派遣居茄(H. Krüger)为德国驻福州首任领事，并在仓山租房设立领事馆。1894年至1916年，德商禅臣洋行（Siemssen & Co.）

德国驻福州领事馆，位于仓前山程埔路172号，约建于19世纪末期

的创办者古斯塔夫·西奥多·禅臣（Gustav Theodor Siemssen）担任领事，他将德国领事馆设于仓山禅臣公司办公楼内。第一次世界大战德国战败，德国领事馆作为敌产被北洋政府没收。1939 年，民国福建省政府在禅臣花园内创办自然科学研究所，将领事馆作为研究所办公楼使用。1951 年，禅臣花园划归福建师范大学生物系所有，约于 1983 年拆除。

俄国驻福州领事馆官邸坐西向东，系 2 层砖木结构俄式风格建筑。官邸以条石为基础，四面围砖墙，表面抹白灰，四面坡小青瓦屋面。东立面底层中部设木制门廊，两面坡屋顶。入口处设拱券门，与拱券窗呼应。

俄国驻福州领事馆官邸，位于仓山区公园路 39 号福州外国语学校校园内，1866 年建成

楼内中间设过道，两边对称，一向设门、二向开窗。木楼梯置于过道后面，楼上前部为内廊。

1865 年 10 月，俄国在仓山购地设领事馆，次年建成办公楼、官邸两座建筑。19 世纪末由于茶叶生意的衰败，俄国政府做出撤离福州的决策，并于 1907 年将产权售予三一学校（现为福州外国语学校）。因校园发展需要，福州外国语学校于 20 世纪 90 年代初将领事馆办公楼拆除，现仅存官邸，作为学校办公楼使用。

2013 年，俄国驻福州领事馆官邸被公布为福建省省级文物保护单位。

日本驻福州领事馆原为巴厘洋行（Birley & Co.），日本政府未对其进行改造，仍保持原始状貌。

日本驻福州领事馆坐南朝北，为单层砖木结构殖民式建筑，建有很高的架空层，上开拱形通风窗。通风窗制作精细，外框由六块花岗岩拼接而成，开口处设铁栅栏。连续拱券式外廊，主立面建有突出的门廊，入口处设双合式台阶。重檐四面坡屋顶，屋顶上建有一排整齐的壁炉烟囱。南立面台阶向西偏一开间，台阶两边有对称突出的多边形外廊，上面设圆形屋顶，别具一格。

日本想要侵占中国的野心由来已久。因福州有马尾船政局和水师驻扎，为了获取中国军事情报和服务于侵略的目的，日本于 1872 年 10 月在仓山区对湖路 2 号设立驻福州领事馆，首任领事由日本驻上海领事井田让兼任。1899 年日本驻福州领事馆升格为正领事级，丰岛舍松任领事，将领事馆迁入巴厘洋行大楼内。1904 年 11 月 3 日，日本驻福州领事馆举办天长节庆祝活动，居然邀请到时任福州将军崇善、福建布政使周莲等近 20 位清廷高级官员出席庆典。当年 12 月，日本政府将活动的合影照片刊登在《日露战争写真画报》上，用其作为政治宣传和炫耀的动机不言而喻。

日本驻福州领事馆，位于仓山区爱国路，建于19世纪70年代

第二次世界大战，日本战败，狼狈撤侨。1948年11月19日，民国政府没收该馆，中华人民共和国成立后该馆交福建省军区使用，20世纪80年代被拆除。

第三章 教堂建筑

天主教、东正教、新教的信仰对象都是耶稣基督，其信徒都被称为基督徒，因此，三教统称为基督教，在具体提及时才详细区分上述派别。而教会是基督教的基本组织，是基督教各派组织形式的总称。近代以来，西方列强通过教会，在福州建造教堂，传播基督教，作为他们进行文化侵略、殖民扩张的工具。

鸦片战争后，基督教弛禁，福州的教会活动日益频繁，教堂建筑也逐渐增多，至1949年，基督教各派在榕共建有教堂72座。教堂建筑作为西方舶来建筑的主要类型之一，始终与福州近代社会的发展变化紧密交织在一起，见证了福州人民的智慧与团结，以及勇于捍卫民族权益的革命斗争精神。

教堂建筑最早于明朝传入福州，其过程具有传奇般的色彩。1625年，明万历、天启的两任内阁首辅大臣叶向高返闽途中，在杭州认识了艾儒略（Giulio Aleni），经过思想交流，被艾儒略渊博的学识折服，与其成为好友并盛情邀请他来福州传教。艾儒略精通汉学，被教徒尊为“西来孔子”，他奉行利玛窦（Matteo Ricci）入乡随俗的传教方针，善于把天主教教义与中国传统文化结合。他深知中国社会等级制的重要性，努力结交中国各地官吏和乡贤，寻求传教事业的保护伞。次年春天，艾儒略如约来到福州，第一次与众多士大夫辩论后就令20多人当场受洗入教，连叶向高的长孙也从此信奉天主教，还捐巨资在宫巷兴建了福州第一座天主堂——三山堂。这一时期的天主教在福州传播很顺利，很快从省城扩散到周边府县。

进入清朝以后，清廷对基督教时禁时弛。禁教期间，教堂或被官府没收他用，或被民众捣毁，基督徒人数锐减。《南京条约》之后，中美《望厦条约》、中法《黄埔条约》、《天津条约》、《北京条约》等陆续签订，其中都列有允许各国传教士在华自由传教的条款。时任签约翻译的法国天主教传教士艾美（Louis Delamarre），还在《北京条约》的中文约本中私自添加“任法国传教士在各省租买田地，建造自便”的条文，为后来教会广置产业、霸占田地伪造了条约依据。借助上述不平等条约，西方各国纷纷派传教士来华传教。1847年1月，美国基督教美部会传教士杨顺（Stephen Johnson）来到福州，拉开了近代基督教在福州传播的序幕。此后圣公会、美以美会等陆续派传教士来福州，他们租住在仓山、中洲岛等地，利用治病、办学等方式宣传基督教教义。

1848年，清廷谕示各地官府将雍正朝以来没收的教堂归还或赔偿教会，于是各教会纷纷向当地官府索还教产。1864年，福州天主教会多次通过法国驻福州领事馆，向福州府要求归还三山堂旧址，迫使福州府在南台岛泛船浦菖蒲墩购买4亩民地作抵偿。1868年，教会在此地皮上建起南台岛第一座天主堂——泛船浦天主堂（旧堂），并将福州铎区总堂从南门澳尾巷迁于此。

1856年，美以美会在仓前建天安堂，成立福州宣教区。19世纪60年代英国圣公会也到仓山传教，陆续建立圣约翰堂、真学堂、明道堂、三一堂等教堂。1866年，美以美会在天安堂召开第一届布道会，将福州的宣教区发展为真神堂、天安堂、福音堂、小岭堂4个牧区。

教会在福州的传教事业表面上看似一帆风顺，实则暗流汹涌。由于基督教借归还教堂旧址的机会强行要求给还，有的甚至强租、强占当地传统建筑作教堂，引发百姓强烈不满。不平等条约中宽容条款的出现，不仅使主教拥有与巡抚同等待遇，连基督徒都受到庇护，因此有投机取巧者加入教会。传教士与教民势力膨胀，肆无忌惮，干了不少违法乱纪的事情，扰乱了社会的公序良俗，不仅挑战了士绅的地位，还激化了教会与地方各阶层的矛盾。与清末全国各地此起彼伏的教案一样，福州也发生过几次严重的教案，如 1878 年 8 月 30 日乌石山教案、1927 年 1 月 14 日仁慈堂教案等。

为顺利传教，教会不得不改变方略。首先，教会开始约束教徒的行为，如训导教会人员不参与教徒诉讼、服从中国地方政府的管理等。其次，加强基督教内部团结，促进基督教各派在传教事业上的协同发展。再次，培养中国籍的神职人员，宣扬教会中国化，以博取中国人的信任。最后，传教环境中国化，从视觉上缓解当地人对西方宗教的抵触情绪，如教堂在显示西方宗教建筑特征的同时，尽量与福州传统建筑结合，外观融合福州特色封火山墙、匾额、对联等形式，内部装饰中国传统图案，还设法遮挡圣坛上的光线，以营造光影微弱朦胧的、中国人所熟悉的寺庙宗教气氛。

通过教会的努力，入教的中国人与日俱增，但教会浓厚的殖民主义色彩依然如故。各基督教教派虽然提倡教会中国化，可是始终将教务与经济大权掌握在洋传教士手中，中国神长教友一直处于无权地位。要真正摆脱外国人的控制，中国人只有建立独立自主的教会组织。1921 年，福州的倪柝声——被海外基督教界誉为 20 世纪的马丁·路德（Martin Luther,1483—1546），与王载夫妇脱离原教会，自办基督徒聚会处组织。基督徒聚会处初设仓山公园路十二间排，后迁到马厂街继续培植力量，终于成长为中国本土的教派。此后倪柝声、王载夫妇及部分教友分赴全国各地宣传，在他们的影响下各地相继成立类似的宗教团体。但中国人创建的教派组织力量微不足道，无法与强大的洋教会抗衡，直到新中国成立后才彻底摆脱外国势力的支配。

西方传教士来福州布道，企图通过传教的方式改变这里百姓的宗教信仰，实现基督教化，实施文化侵略，进而掌控中国的未来。但弄巧成拙，福州人以“海纳百川，有容乃大”的胸怀，去粗存精、去伪存真地吸纳了西方宗教文化的有用部分，并且与中国传统文化融会贯通，培养了黄乃裳、薛廷模、倪耿光、陈锡恩、丁先诚、陈芝美、杨昌栋、张光旭、薛平西、王世静、檀仁梅等一大批基督教界著名人士，他们成为反帝反封建、民主革命运动及新时代宗教改革的中坚力量。

下面依据建成时间顺序，讲述几座具有代表性的教堂建筑以及它们的历史变迁。

澳尾巷天主教堂坐西朝东，为混合结构中西合璧式建筑。主体建筑

澳尾巷天主教堂，位于鼓楼区南门外茶亭街澳尾巷口，改造于 1848 年

2层，墙上开有尖券窗，顶部设女儿墙。东立面辟有三个门，中门高大，上有匾额。左右边门矮小，上有三角形砖饰门楣，门楣当中泥塑西式图案。正面有“奉旨”“1848”字样刻石和建堂纪事石碑。左右两端建有一对高3层的钟楼，钟楼一层开圆窗，二层设半圆券窗，三层为尖券窗，层间装饰线脚。钟楼顶部设山花，中间开一圆形洞口。教堂内部为中国传统穿斗式木构架，堂内不设座椅，只铺了供跪拜的席子。室内悬挂康熙帝钦赐建堂“万有真原”鎏金匾额及楹联题刻，四周墙上绘有圣母玛利亚、圣徒的画像。在靠近祭坛的地方还摆放当时清朝皇帝的牌位，当教徒向祭坛膜拜时，既向西方神圣致敬，同时也跪拜了中国皇帝。

1848年，西班牙多明我会对茶亭街澳尾巷一座中式旧建筑进行改造，将正面外观改为哥特式风格，又在左右两边加建一对钟楼，并命名为澳尾巷天主教堂。教堂奉玫瑰圣母为主保，作为福建北境代牧区的主教座堂，是福州开埠后最早建立的天主教堂。

澳尾巷天主教堂的神职人员和信徒的衣着、行为与当地传统的佛教徒毫无二致。这里常住一个或几个欧洲神甫，他们身穿中国的长衫马褂，剃了头梳个辫子，与信众一起点香烛、拔数珠、茹素、斋戒、跪拜等，宗教仪式可谓中西融合。神甫和当地信徒行事低调，极力避免与其他教会组织打交道。原来当地信徒皈依天主教已有200多年，在禁教期间受过残酷迫害，为了保持信仰，也为了保护信众自身安全而采用这样隐秘的方式。弛禁基督教以后，教会心有余悸，仍保持谨慎作风，不过那时福州地区已发展教徒数千之众。

2002年，澳尾巷天主教堂被拆除。

圣约翰堂坐北朝南，为单层石砌仿哥特式建筑，占地面积约600平方米，是福州唯一的以西方圣徒命名的教堂。教堂平面近似工字形，由主

圣约翰堂，因以石头筑成，当地俗称石厝教堂，位于仓山区乐群路22号，建于1862年

厅、门厅、侧厅和圣坛组成。教堂入口设哥特式尖券门，主厅为长方形，西山墙开3个哥特式尖券窗，山墙顶端建有八角形钟塔，上有十字架。东山墙为突出的半圆形圣坛，圣坛两边是侧厅。墙上几组高大的尖券窗将自然光引入教堂，营造出神秘的基督教气氛，进而调动信徒的崇拜情绪，这是圣约翰堂光影的迷人之处。

1859年，烟台山的英国侨民团体提议修建礼拜堂和聘请牧师，英国政府的赞助资金及各商行的捐款很快到位，于是聘请香港建筑师设计，随后召集本地建筑工程队施工，教堂于1862年10月2日落成启用。圣约翰堂虽有“国际教堂”之称，却不允许本地居民在堂内作礼拜，只服务于侨居福州的外国基督徒。

圣约翰堂前原本设有一座纪念坊，用来纪念第一次世界大战从福州赴欧洲战场牺牲的英国侨民。其实有位名叫叶萱的福州医生，同样值得后人铭记。第一次世界大战爆发，中国加入协约国与同盟国作战，由于缺少医务人员，很多伤员得不到救治而死亡。得知消息后，叶萱医生义无反顾地组织医疗队奔赴前线，冒着枪林弹雨，践行一个医者的神圣职责。战争结束后，叶萱医生的高尚医德和英勇行为受到法国政府的嘉奖。

2012 年 5 月圣约翰堂修葺完成，2018 年以“烟台山约翰堂”的名称被公布为福建省省级文物保护单位。如今教堂前那棵百年银杏越发枝繁叶茂，每年初冬便会披满黄灿灿的叶子，一阵风起，吹落满地，将教堂映照得熠熠闪光，成为仓山乐群路上一道靓丽的风景。

苍霞洲基督堂面向西南，为双塔哥特式风格。教堂红砖砌筑，花岗岩勒脚。平面呈十字形，占地面积 1000 多平方米。主体建筑 2 层，教堂主入口设双合台阶，大门门框为石质尖券形，上有“基督堂”石匾额。大门两旁饰石刻对联，对联为：“古月照今人纪念胡公营此座，苍霞开圣域仰瞻会督总斯堂。”中部三层为钟楼，顶部设三角形山花。两侧建 4 层高的塔楼，顶上女儿墙四端立柱高于其他柱子，外观像点燃的蜡烛。立面开哥特式尖券窗，窗楣饰叠涩线脚。南立面左下角嵌有奠基石碑，上面阴刻“荣归上帝，1924 年 11 月 1 日诸圣日，奠基者恒会督约翰”。教堂正前方筑有一道砖墙，似中国照壁。

1850 年，英国圣公会入福州传教，受到当地乡绅强烈排斥，在南后街建造的该会在榕第一座教堂翠贤堂也被愤怒的民众焚毁。但在传教士的坚持下，福州成为英国圣公会在中国开创的最重要、最大的传教区。

苍霞洲基督堂，位于台江区苍霞洲文通弄 17 号，建于 1927 年

1870 年，圣公会在苍霞洲租广裕楼作布道所，由于人数不断增加，容纳不下众多信徒主日崇拜，遂购买倚霞桥 1 号（原门牌号）的一座茶行仓库，将其改为教堂使用。1924 年教会决定重建教堂，同年 11 月 1 日诸圣日奠基，主教恒约翰（John Hind）证道，时任福建省省长萨镇冰亲临祝贺。1927 年 11 月 13 日落成，举行祝圣典礼，命名为中华圣公会福建教区主教座堂。1950 年，该堂万余名信徒高举爱国主义旗帜，首先发起响应《中国基督教在新中国建设中努力的途径》的签名活动，在我国割断与外国差会关系、肃清帝国主义思想等运动中起到表率作用。1985 年 8 月 11 日，教堂更名为苍霞洲基督堂。

苍霞洲基督堂雄伟宏大，建造精良，是圣公会在福建修筑的最大的教堂，2020 年被公布为福州市市级文物保护单位。

泛船浦天主堂坐南朝北，为单塔混合结构哥特式建筑。平面为十字形，长约 60 米，宽约 30 米，正立面中央为高 33 米的钟楼。外墙青砖砌造，门、窗框均为石制。钟楼里安放从法国进口的报时大钟，钟楼顶上装有 3 米高的十字架。北立面对称边门采用了似伊斯兰的拱券造型。堂内左右两边各矗立 11 根直径约 1 米的科林斯式水泥柱，顶部呈拱形，似苍穹。内设大小 5 个祭台，正中祭台供奉该堂主保玫瑰圣母。大祭台背面墙上开

泛船浦天主堂，全名为福州圣多明我会主教座堂，位于仓山区新民街 54 号，建于 1932 年

3扇镶有五彩玻璃的采光窗户，左右两边小祭台侧面墙上方各安装3扇采光玻璃窗，每扇均绘有彩色天主教圣人或圣女像。教堂纵向两边墙上开有多扇大窗户，光线明亮通透。钟楼二层是一个长20米，宽6米的唱经台，与大祭台遥相呼应。泛船浦天主堂巍峨挺拔，内部空间十分宽敞明亮，是福建省最大的天主教堂。

明崇祯年间，叶向高长孙高州君在艾儒略布道后受洗入教，并在福州城内捐建三山堂。1645年，明唐王朱聿键在福州称帝，重修三山堂并御笔亲书“敕建天主堂”立在堂前、“上帝临汝”悬于堂上。把持朝政的郑芝龙（郑成功之父）、黄道周均为虔诚的天主教徒，君臣对天主教大力的保护与推崇，使福州的天主教传播进入鼎盛时期。清雍正初年，三山堂被福州府没收改为关帝庙。1864年福州府以泛船浦菖蒲墩四亩民地抵偿三山堂房产，天主教在新址建单层木构泛船浦天主堂（旧堂），1932年拆旧堂建新堂。中华人民共和国成立后，外国修会统治福州天主教会的历史结束，泛船浦天主堂率先举起自立革新的旗帜，带领教友们参加抗美援朝反帝爱国运动、与安插下来的反革命集团做斗争等。党的十一届三中全会以后，泛船浦天主堂认真贯彻落实宗教信仰自由政策，并将教规教义中积极因素运用于社会主义精神文明建设、维护社会稳定及社会公益事业。

1985年，国务院宗教局和省市各级人民政府共同拨款，加上教会自筹资金对教堂进行全面修缮，泛船浦天主堂成为仓山区地标性建筑，吸引无数游人参观。

1996年，泛船浦天主堂被公布为福建省省级文物保护单位。

花巷基督教堂坐东朝西，占地面积700余平方米。正立面南侧建3层高的钟楼，南立面东侧设有侧堂。山墙造型为福州封火墙之变体，屋面双倒水，铺钢丝网、混凝土瓦。采用装配式弧形预制钢筋混凝土屋架，

花巷基督教堂，原名基督教尚友堂，坐落于鼓楼区花巷7号，改建于1938年

跨度达15米，架设于两侧石墙中部伸出的石榫槽上。教堂内设圣坛、祭台、讲台、礼拜大厅、会众席等，整个教堂（包括附属堂）能容纳约2000人同时参加礼拜。钟楼尚存教堂用钟，为1950年刘扬芬牧师模仿天安堂铜钟样式铸造，钟上铭刻铸造日期及厂家信息。

辛亥武昌首义成功，福州革命党人积极响应，筹划福州起义。1911年11月8日，中国同盟会福建支会及体育会会员、南台商团团员、学界300多人，在郑祖荫、黄乃裳等革命党人率领下，于仓前山的桥南公益社誓师后出发，进驻花巷基督教堂所处位置的房屋（原为晚清琉球册封使赵新王府），准备协助起义部队作战。次日拂晓，革命党与起义军进攻驻扎于山上的清军，光复福州的战斗打响。革命军第一炮打中水部水关闸，第二炮命中旗人的将军衙署，几发炮弹过后，旗兵军心更为涣散，残兵四处逃窜。总督松寿见大势已去，吞金自尽。将军朴寿匿于副都统家中，被革命军诱捕并正法。11 月 9 日福州光复，十八星红旗高高飘扬在榕城上空。

1915 年美以美会购买了赵新王府，有左、中、右三座各三进。1938 年许荣藩牧师主持改建工程，由福州近现代著名的建筑师林缉西负责设计，将中座第一进穿斗式木构房改建为石构单塔哥特式教堂。清朝遗老、末科状元王仁堪亲笔题写“基督教尚友堂”堂名，使教堂在民间享誉盛名。1949 年基督教尚友堂关闭，1979 年 9 月重新开放，改名花巷基督教堂，成为福州市基督教三自（自治、自养、自传）爱国会与福州市基督教协会驻地。

1992 年，花巷基督教堂以“辛亥革命福建军总指挥部旧址”的名称被公布为福州市市级文物保护单位。

第四章 海关建筑

海关，是指一个主权国家对进出关境的货物、邮递物品、旅客行李、货币、金银、证券和运输工具等进行监督检查、征收关税并执行查禁走私任务的国家行政管理机关，其行政组织、人事、征税、财务制度、查缉办法等都是按照本国统治阶级的意志而制定的，其他国家无权干涉。然而，一百多年前腐朽无能的清政府却在帝国主义列强的淫威与诱迫下，丧权辱国，将海关大权交给列强，任由他们恣意践踏中国的主权。

第一次鸦片战争后，令帝国主义列强始料未及的是在正当的商业贸易中，列强不仅未能打败中国，贸易反而朝着有利于中国的方向发展。为了摆脱困境，帝国主义列强一方面逼迫清政府签订一系列不平等条约，使中西贸易变成了在合法外衣庇护下赤裸裸的掠夺。另一方面，于1854年太平天国运动期间，英、法、美三国驻沪领事诱逼上海地方官员吴健彰等人，同意由三国各提名1人组成税务管理委员会，接管江海关（上海海关）的征税行政，这就是荒谬的外籍税务司制度，俗称洋关制度。又于1858年11月签订《中英通商章程》，以文件形式规定中国聘请外国人帮办海关税务，使外籍税务司制度化、合法化，并逐渐推向全国，导致各地的海关主权，包括关税自主权、税款收支权等逐步丧失。从此，在中国的政府机构中出现了一个荒诞的部门——一个只能由外国人担任行政长官且不受中国各级政府管辖的近代海关。海关这一国家经济大门的钥匙就把握在了帝国主义列强手里。

在外籍税务司制度形成过程中，清政府的态度从被迫接受到默认再转向依赖，对这一制度的推广起到推波助澜的作用。而帝国主义列强通过外籍税务司制度，建立在华殖民地贸易新秩序，强制清政府履行不平等条约的有关规定，掌控中国关税（如减轻洋商税负、用关税抵付赔款等），操纵内政外交，实现对清政府全面且有效的监督与控制。随着洋员控制下的海关对中国政治、经济、文化等各领域影响的日益加深，近代中国海关实际成了帝国主义对华侵略的利器。

为什么清政府的态度会从被迫接受到默认再转向依赖呢？由于清朝海关仍然沿用传统旧式税收办法，制度不健全，管理又落后，致百弊丛生，从朝廷重臣到各级胥吏贪污成风，使大部分的海关税款落入贪官私囊，而国家府库收入微薄。洋员进入海关虽是帝国主义列强胁迫的结果，但近代西洋海关制度有一套较为科学、严密的征税方法，令税款在各环节不易被侵占。即使侵略者从中捞走丰厚利益，也还是能够增进清政府的国库收入，这对于当时腹背受敌、军需孔急的清廷可以说是求之不得。而且洋员主政的海关还能强化中央集权，巩固中央财政。因为洋员控制的海关税收归中央，封疆大吏掌握的常关税收归地方，这样就解决了清政府中央财政与地方财政相互抢夺利益的顽疾。在内忧外患之下，清政府不得不迁就了。

这里有必要弄清海关的几个称谓。洋员进入海关建立新的管理模式的机构，夺取了对外商轮船贸易的监督征税权（后来也负责华商轮船贸易的监督征税），被称为新关或洋关。继续在中国籍海关监督管理下、负责征收国内民船贸易税的关口，被称作旧关或常关。由于新关掌控了海关监督的行政大权，商人进行对外贸易要向新关办理一切通关手续，于是约定俗成，把新关作为海关看待，新关就成了海关的同义词。原来统一的海关被分割成两个部门，一个是名义上隶属于各口清廷海关监督，事实上由各口洋税务司掌握的、征收外商及华商轮船进出口贸易税的新关（洋关）；一个是由中国籍海关监督负责、只保留对从事国内贸易的华商民船征税权的旧关（常关）。

1853 年福州茶市开辟，改变了武夷山茶叶须由陆路经江西再到广州出口的局面，可以直接从福州出口，福州的对外贸易出现了空前繁荣的景象。在广州和上海的进出口贸易处于困境之时，福州口岸的地位显得尤其突出。因此，《中英通商章程》签订当年，英国人李泰国（Horatio Nelson Lay）就急忙来到福州推行洋关制度，筹备组建闽海关。其间虽然受到福州将军有凤、闽浙总督王懿德等地方官员的阻碍，但终因建立洋关已是大势所趋，况且又是朝廷御旨，只是经过一段小小的波折，闽海关便于 1861 年 7 月正式成立，关址设在临江的泛船浦。从此福州口岸与中国其

李泰国（1833—1898），英国人。1855 年任江海关税务司，1858 年任侵华英军全权代表额尔金的翻译，参与起草《中英天津条约》。1861 年任中国海关总税务司，将外籍税务司制度由上海推广到全国各通商口岸

赫德（Robert Hart，1835—1911），英国人。制定并推行外籍税务司制度。1863 年继李泰国为总税务司，至 1908 年共把持中国海关总税务司职务 46 年。1866 年提出《局外旁观论》，唆使清政府按照西方的要求实行改革。1901 年支持帝国主义列强胁迫清政府签订《辛丑条约》。有《中国论集》《赫德日记》等

闽海关办公楼，位于仓山区泛船浦海关埕，这里是闽江流经福州市的深水地带，江南岸地面平坦而开阔，方便运输、查验及装卸货物。该办公楼为砖木结构殖民式建筑，北面朝闽江，面阔 5 间，正中设门廊。1949 年春，该建筑失火焚毁

他口岸一样，出现了两个并立的海关机构，新关（洋关）充当了查缉税务的主角，而旧关（常关）成了配角。

1862 年，闽海关在泛船浦中心建起了一座 2 层的西式海关办公楼，直至新中国成立此处都作为闽海关的关址。该地因闽海关而得名“海关埕”，闽海关东侧通往江边的小巷也被称作“海关巷”。1863 年在海关办公楼的东北侧建了一座单层验货厂，验货厂南边是办公室及与之相连的

样品室，在伸入江中的地块上建了一座海关码头，用于停泊汽艇等船只。1934 年泛船浦江边又新盖一座 2 层楼房，作为闽海关新的办公楼，设有税务司和秘书、会计、监察等办公场所。接着将办公楼西侧一块约 2000 平方米的空地辟为闽海关运动场。

历任洋税务司们为了追求舒适与享乐，不停歇地添设办公及附属设施，如各式办公楼、税务司公馆、高级洋员住宅、洋员俱乐部等。闽海关

闽海关营前分关办公楼，为砖木结构殖民式建筑。面江 7 开间，侧面 12 开间，体量比泛船浦总关还大很多。办公楼一层作为水手宿舍及储藏室，二层为办公室，三层为稽查员及家眷住宅。1988 年左右该建筑被拆除

闽海关营前分关港务长宿舍，坐南朝北，为单层四面坡屋顶、砖木结构殖民式建筑。北向闽江，7 开间，中间为入口大门。外墙红砖砌筑，列柱拱窗，中式叠涩，中西结合。本座建筑是营前分关建筑群的唯一遗存，2021 年被公布为长乐区区级文物保护单位

以它的办公楼为中心，对周边土地进行蚕食，从海关埕一直延伸到仓山的乐群路、麦园路、对湖路，闽海关建筑不断增加，势力范围不断扩大。

由于进出口贸易发展迅速，作为内港的泛船浦已远不能满足闽海关业务需求，各种大型货轮无法驶入泛船浦码头，使停泊在马尾罗星塔港口的货轮逐日增多，轮船管理及货物监管事务骤增。为了方便来福州贸易的大型商船检验通关和缴纳税款，闽海关于 1869 年在罗星塔对岸的长乐县白兰礵（又称伯牙礵，福州方言，即白色的大岩石）建了一座 3 层西式楼房，

作为闽海关营前港口分关办公楼，另建一座2层楼的监察长宿舍和一座单层楼房为港务长宿舍。后来又陆续建造了一些住宅楼及邮局、瞭望台等，还设置了我国最早的高程标准“罗星塔零点”（简称罗零标高），以方便闽海关开展关务。闽海关营前分关的设置，使白兰礵变成繁华热闹的地区，吸引了大量洋人来此从事贸易、工作与生活。

自1861年闽海关正式设立，至1949年福州解放，作为帝国主义代理机构的税务司鸠占鹊巢，总揽与支配了闽海关的行政管理大权长达89年之久。在此期间帝国主义以闽海关为据点，为所欲为地倾销商品和掠夺物资，同时超越海关职能，攫取种种特权，如取得清廷“顾问”的身份，有创办大清邮政、组织参加国际博览会、出版关税统计等权力。还进行间谍活动，大肆收集情报，内容囊括政界、军事、金融、工业、农林业、银行业、宗教、教育科举等方方面面。虽然洋员把资本主义先进的管理理念、管理制度、管理方法等带入闽海关，对于消除关务陈弊、改良关政、增收关税等有所裨益，但本质还是在于攫取利益，无法掩饰其殖民侵略的真实目的。

第五章 洋行、银行建筑

1844年7月3日福州正式开埠通商，帝国主义列强的目的终于达到。

通商之初，英、美等侵略者们就狂热地幻想着美好的未来，特别是始作俑者英国，他们认为福州人烟稠密，民众富裕，是销售外国纺织物的理想场所。福州最大的优点还是与红茶产区武夷山距离近，运输便捷，是红茶输往英美等国最近的中转站。在他们心中，不管进口与出口，生意前景都是一片光明。可是当他们还在做着发财美梦的时候，噩梦就接踵而至了。

1844年，首任英国驻福州领事李太郭工作之余就迫不及待地向当地人展销洋布等商品，以为能够获得青睐，可是无人问津。1844年9月，第一艘美国货船在闽江码头停泊月余却颗粒无收，最后只得请求当地官府帮忙，将船上货品贱价变卖，筹够路费方悻悻地驶离福州。1845年10月，英商纪连（Glen）经慎重考察研究后，在上杭路开了福州通商后第一家洋行，从事外国布匹进口和茶叶出口生意，当他热切期待前途顺遂时，却不可避免地失败了。1850年3月，外商康普登（Compton）运来一大批洋布匹，但居留一年以后同样失败地离去。康普登还是第一个从福州成功出口茶叶的外商，但由他托运出去的茶叶屈指可数……

从开埠到1853年，英美等国的商人们陆续运来大批各式各样的商品，包括寄予无限希望的棉纺织品，想不到卖价还抵不上运费，就连他们迫切想要得到的武夷山红茶也没能如愿。他们满怀希望而来，但都莫名其妙、无一例外地遭遇了厄运。

原来这是一场清朝君臣主导、民众鼎力支持的，与帝国主义侵略者斗智斗勇的没有硝烟的战争。彼时，清政府是在极不情愿和迫不得已的情况下开通福州港的，时任闽浙总督刘韵珂非常清楚清朝统治者的内心感受，他本人也非常憎恨帝国主义的强盗行径。但他深知以清廷的实力无法与帝国主义列强硬碰硬，只能采用阴柔之策，即表面上遵守条约规定，让福州正常开埠，暗中联络士绅、商贾及民众，大家联手抵制，让洋人无利可图，知难而退。刘韵珂还明白，英国人主要是为了能够低成本收购武夷山茶而强烈要求福州通商的，只要切断英国人的茶叶贸易渠道，就能让福州口岸失去意义。刘韵珂将计策密奏道光帝，道光帝龙颜大悦，只是再三叮嘱一定慎之又慎、密之又密。

在英国人到来之前，刘韵珂便有条不紊地秘密依计行动。其一，在茶商行经福州的路段节节设卡稽查，严防偷漏现象，使茶贩少有利益可图，令其主动放弃福州而往广州行销；其二，与福州城内外的商贾富甲分析利弊，认为洋人在此通商必定会损害我们华商利益，大家只有团结一致，不与之贸易，令其无功而返方为长久之策；其三，联络士绅，由他们宣导民众抵制洋货。

此计没有走漏一点风声，不仅洋人不知晓，甚至连官府内部也少有知情者。谋略很成功，福州口岸一开埠便陷入困境，英美等国商人败兴而去，留下永不再来的丧气言语。此后，英国对 5 个通商口岸的贸易进行了评估，认为福州没有商业价值，决定放弃。不久，福州仅剩下 10 个外国人，其中 7 个是传教士。

正当大清君臣为这场智斗既避免了武力冲突，又达到不让福州事实通商而额手称庆时，中国的农民起义多点爆发了。1853 年太平天国运动阻断了武夷山茶销往广州的路线，致使茶货壅滞，茶农损失惨重，地方财政入不敷出。上海的口岸贸易也因小刀会起义而处于瘫痪状态。时任闽浙总督王懿德紧急奏请福州暂弛海禁，获得允准后即派人招揽洋商，这为福州口岸的繁荣带来了转机。不久福州港便焕发新机，很快成了中国最大的茶港和世界著名的茶港。1853年至1888年是福州港最辉煌的时期，红茶出口总量稳居全国首位。

武夷山茶从福州直接出口，不仅能省去陆路运费，还能免去在原价之上附加的内地通关税，时间上也较过去提前两个月投入市场，减少了茶叶的损失，大大提高了洋商们的利润。1853年9月，美国旗昌洋行（Russell & Co.）率先派买办到武夷山产茶区收购茶叶，成功开辟了从武夷山到福州再到纽约的航线。旗昌洋行的创举吸引了各国商人仿效，他们都迅速加入茶叶出口贸易队伍中。

洋行是指外国资本家在中国开设的商行，也指跟外国商人做买卖的华商商行，但这里专指外国人在福州开办的经营进出口贸易的商业机构。1854年3月，英国人嘻唎（F. G. Hely）在仓山购买土地并设立宝顺洋行（Dent & Co.），成为第一个在驻福州外国领事馆办理正式注册手续并建造了西式楼房的洋行。此后洋行如雨后春笋般建立，从泛船浦一直延伸到梅坞路，形成一个新兴的商业街区。

洋行从事茶叶贸易的同时也带动了其他商品交易，使福州的进出口贸易总额不断创新高。当时广州、上海、福州三个港口占全国进出口贸易总值的90%，其中福州仅次于上海。源源不断的巨额税收支撑了地方财政，也充盈了中央国库，为后来的洋务运动提供了充足的经费。

早期的洋行建筑多采用殖民式建筑样式，一般只有2层，规模较小，集办公、居住于一体。后来随着生意开展，资金充裕，逐渐将办公与居住功能分开，有的还设有庭院、仓库、娱乐设施等。当时，在福州发展最好的洋行有旗昌洋行、怡和洋行、禅臣洋行等。

福州旗昌洋行大楼坐西向东，为2层混合结构、带有架空层的殖民式建筑，面阔5开间，进深6开间。首层地面采用架空式空铺结构，面层装饰花岗岩，上有方形门洞和拱窗。东立面中部设双合台阶，入口处为方形石柱门廊，上为露台。外廊不发券，均用木框玻璃窗封闭。浅色花岗岩列柱，柱头仿爱奥尼亚式。

1819年，塞缪尔·罗素（Samuel Wadsworth Russell）被普罗维登斯的爱德华·卡林顿公司（Edward Carrington & Co.）任命为经理，派往中国广州从事鸦片生意。虽然当时中国禁止鸦片贸易，但是有帝国主义势力的保护，洋商们有恃无恐，从中赚取了巨额利益。1824年罗素拥有了自己的公司——旗昌洋行，在福州经营丝绸、茶叶和鸦片等进出口生意。旗昌洋

福州旗昌洋行大楼，位于仓山区观井路7号，约建于19世纪60年代

行发展势头迅猛，1842 年已成为美国在华最大、最成功的贸易公司。后来由于福州人民坚决抵制鸦片以及茶叶生意的衰落，1911 年旗昌洋行关闭福州的公司，率先转战航运业，很快又在新领域中取得领先地位。此后，福州旗昌洋行大楼为日本三丰洋行使用，抗日战争胜利后作为敌产被我国政府没收。

20 世纪 90 年代，该建筑为福州市仓山区交警大队办公使用，21 世纪初经福建省质检站鉴定为 D 级危房，不能作为办公场所，尔后建筑空置。2003 年 1 月 15 日的一场大火将楼内木结构化为灰烬，仅剩二层以下砖石外墙。2006 年南江滨大道建设，该建筑残余部分被拆除，石构件散落民间。2013 年，福州旗昌洋行建筑的部分石构件作为展示品，出现在广州万科“金域蓝湾”的售楼处门口，曾经气势非凡的洋行建筑以这样的方式重现世人面前，令人感慨万千。

福州怡和洋行大楼正立面中部 8 开间向前凸出约 0.5 米左右，入口处设弧形台阶。首层地面采用架空式空铺，面层为花岗岩，上有拱形通风口。一层石砌方柱拱券外廊，二层不发券，砖砌方形列柱，设宝瓶造型水泥栏杆。二层四端两列柱中间封闭，上开木框玻璃窗。檐口装饰多层线条和枭混曲线断面线脚，凸出的外廊顶部设有女儿墙。

怡和洋行是一家与英国政府有着密切关系的洋行。创办之初，它紧随英国政府，坚持在英国的殖民地开办公司，然后从帝国的侵略战争及签订的不平等条约中获取不义之财。后来随着世界格局的转变，与英国政府统一步调，及时调整公司的发展策略。

1832 年 7 月 1 日，苏格兰裔英国人威廉·渣甸（William Jardine）和詹姆士·马地臣（James Matheson）在中国广州创办了渣甸洋行。鸦片战争前，清政府在广州招募十三家财力雄厚的中国商行，作为代理海外贸易业务

福州怡和洋行大楼，位于仓山区泛船浦海关巷 4 号，约建于 19 世纪 60 年代

的牙行——十三行，外国人必须通过他们才能完成进出口生意。在十三行里伍秉鉴创办的怡和行最具实力，他是英国东印度公司最大的债权人，是当时的世界首富。渣甸倾羡怡和行的名气与实力，为了自己生意便利，竟琢磨出傍名牌的歪主意，将公司更名为怡和洋行，成了怡和行的山寨版。渣甸不择手段，唯利是图，被中国人称作铁头老鼠。他贩卖鸦片起家，而后购买中国的茶叶、丝绸等到英国高价出售，赚取高额利润再用于走私鸦片。怡和洋行迅速发展成远东的“洋行之王”。1840 年林则徐虎门销烟，狠狠打击了英、美帝国主义者，渣甸闻风丧胆，逃回伦敦游说英国国会发

动侵华战争。时任英国首相帕麦斯顿（Lord Palmerston）与渣甸沆瀣一气，在他们的煽动下，1840 年 6 月英国发动了第一次鸦片战争。

1843 年渣甸去世，怡和洋行继续对华走私鸦片。1872 年开始多元化发展，除了贸易，还在中国内地及香港投资铁路、船坞、各式工厂、矿务，经营船务、银行等。1912 年在上海设立总部，通过结交民国中央与地方政府中的实权人物，极力谋取巨额利润和特殊利益。时过境迁，新中国成立后，怡和洋行不得已于 1954 年关闭在华最后一家办事处，黯然将公司总部迁到香港。1984 年中英磋商香港问题并签署《联合声明》，是年怡和洋行将公司注册地点由香港迁往百慕大，又于 20 世纪 90 年代初，将公司及旗下多家子公司的上市地点从香港移至新加坡或者伦敦。虽然注册地、上市点发生转移，但怡和洋行在香港仍本固枝荣，影响无所不在，香港许多地方以怡和洋行及其创办人命名，如渣甸山、渣甸坊、马地臣街、怡和街、怡和大厦、怡和午炮……新世纪，怡和洋行仍然努力坚守着经营了一百多年的香港和潜力巨大的中国内地市场，续写着自己的未来。

2005 年，福州怡和洋行大楼因建设南江滨大道被拆除。

福州禅臣洋行大楼高 2 层，面阔 7 间，砖木结构，殖民式。建筑坐南朝北，面向闽江，青砖砌筑，粉饰水泥砂浆。门前有半圆形码头和用来拴绑轮船缆绳的石墩，以及装卸货物的台阶。大楼右侧有通往泛船浦前街的小巷，水陆交通均很便利。

禅臣洋行是一家跨国公司，总部设在德国汉堡市。1846 年禅臣洋行先在中国广州设立分行，后在上海设中国总行，接着又在天津、汉口、青岛、福州等地陆续开辟分行。该洋行所经营的业务分主业与副业，主业为销售德国工业产品、化工材料、西药等。副业为在华开办工厂，利用本地廉价劳动力，将中国土特产品二次加工后返销中国市场。副业还涉及保

福州禅臣洋行大楼，位于仓山区泛船浦前街21号，约建于19世纪60、70年代

险业务、易货贸易等。

1897年，禅臣洋行在仓山程浦头建名为德律风（英语telephone的直译）的磁石电话总所，供桥南各国领事馆、洋行及洋人住宅使用。1912年，禅臣洋行的电话交换设备被刘健庵兄弟购买，后者将之与原官商合办的福州电话公司合并，成立民营福建电话股份有限公司。

第一次世界大战后，中国以战胜国身份没收了禅臣洋行在华所有产业。20世纪90年代初期，因太平洋城项目开发，泛船浦前街一带大量早期洋行建筑被拆除，福州禅臣洋行大楼也未能幸免。

各帝国主义洋行之间既相互斗争，又紧密勾结，共同压榨中国茶商、茶农。洋行实力雄厚，华商无力与之竞争，福州茶市被他们掌控。每逢初春，洋行竞相抬高收购价格，吸引华商前来售茶。当茶叶大量汇聚福州市场时，洋行又降低收购价格，导致许多华商亏本经营。到了茶市末期，洋行又提升茶价，让华商、茶农对来年抱有希望，不至于放弃茶叶生意。

洋行的发展不仅表现为洋行数量的增加，也表现为经营规模的扩大和势力的增强。他们不仅控制着茶叶、山货、土货及农副产品的出口和洋货进口，还经营与贸易有关联的金融、航运、铁路、房地产和保险业务等。鸦片贸易的合法化，使洋行更是肆无忌惮地大量进口鸦片，造成福州白银大量外流，还严重危害百姓身体健康。洋行输入的工业品使本地大量的手工业者破产，加速了福州自然经济的解体，也阻碍了民族工商业的发展。19 世纪 50、60 年代洋行开始设立工厂，并且逐步形成垄断势力。福州近代经济进一步恶化。

福州向来不缺乏具有远见卓识的人物和团结抗争的民族精神。1906 年，陈宝琛、林绍年、林炳章（林则徐曾孙）等 10 位福州知名人士成立去毒社（全称为去毒社戒烟局），开展禁烟斗争。该机构通过宣传教育，极力劝阻民众吸食鸦片，并设法帮助瘾君子去除毒瘾；会同警务机关或主管官署查禁、没收并销毁鸦片，严惩毒贩等。去毒社的作为得到社会各界的热烈拥护，抽鸦片人数骤减，鸦片需求随之减少。到了 1911 年秋季，福州的鸦片贸易几乎销声匿迹，洋行逼不得已只能转变贸易方向。美国旗昌洋行首先进入航运领域，很快积累了丰厚的资本。怡和洋行紧随其后也结束了罪恶的鸦片生意，然后转战航运业，开始和旗昌洋行竞争航运生意。

19 世纪 40 至 70 年代，洋行垄断了福州的金融领域，尽管 19 世纪

60 年代外国银行资本已开始进入福州，可是势力远不如洋行强大，但外资银行占领福州的野心从未泯灭。19 世纪 70 年代中期，银行在专项业务上的优势凸显，逐步打破洋行在金融业上的壁垒。19 世纪 80 年代，洋行被迫放弃金融行业，转而成为银行的分支机构，从此外国银行主宰了福州的金融市场。

1862 年，英国、印度合营的汇隆银行在福州设立代理处，成为第一家在福州开设办事处的外资银行。接着丽如银行（又称东方银行）、香港上海汇丰银行、麦加利（渣打）银行等共 7 家外资银行先后在福州设立分行。外资金融机构还有一种以储蓄会的形式出现，如法国创办的万国储蓄会福州分会、中法储蓄会福州分会，它们用存款投资有价证券、抵押放款，然后发行有奖储蓄会单，开创了福州有奖储蓄的历史。

福州当时最出名的外国银行建筑有香港上海汇丰银行（Hongkong and Shanghai Banking Co., Ltd.）福州分行和美丰银行（American Oriental Banking & Co.）。

香港上海汇丰银行福州分行为 2 层带 1 层地下室、砖木结构殖民式建筑。该行坐北朝南，四面环廊，正面 7 开间，侧面 8 开间。外墙红砖砌筑，粉饰白灰。地下室上端高于地面约 1 米左右，外观处理成花岗岩勒脚，上有拱形透气窗。南立面中部设石阶，一层为方柱拱券外廊，二层外廊不发券，设方形列柱，用窗封闭。银行一楼设接待厅堂，二楼为办公场所。银行的档案资料、票据等重要物品保存在地下室，地下室的铁门钢板厚十多厘米，异常坚固，为英国本土专门定制。

香港上海汇丰银行，简称汇丰银行，寓“汇款丰裕”之意。该行创办于 1864 年，总行设在香港，是英国设在海外最大的私营银行之一。1866 年汇丰银行在福州设分理处，1868 年升格为分行，由上海汇丰银行

香港上海汇丰银行福州分行，位于仓山区梅坞路57号聚龙尚书苑小区内，约建于19世纪60、70年代

管辖。福州分行经营侨汇、国内外汇兑及押汇业务，是经营外汇指定银行之一。由于各国领事、洋行经理、教会司祭等都通过这里办理经济业务，一些中国富商也与之交往密切，一时间福州分行商贾、名流进出频繁，人气指数飞升，连附近的巷子也因此得名为汇丰弄。19世纪80年代末，福州分行发行的纸币取代了有着悠久历史的福州钱票，同时取得承办清政府外债和收存关、盐两税等特权，其地位越发举足轻重。抗日战争时期，形势发生逆转，日军占领福州并驻扎在该行，银行被迫转移至重庆，抗战胜利后才迁回福州复业。

1949 年 6 月上海解放，该行与上海汇丰银行失去联络，香港总行命其拍卖房产，结束银行业务。不久福州解放，福州分行仍未办结手续，经福州市人民政府核准，于同年 10 月 20 日关停。福州市总工会出面调解，给每位银行员工发放五个月工资后予以解散，不动产托福州实业银行代管。

此后该建筑被福州市第二医院用作宿舍，2009 年经修复，作为仓山区文化馆和仓山区非物质文化遗产保护中心使用。2013 年，香港上海汇丰银行福州分行作为“烟台山近代建筑群”的一部分，被公布为福建省省级文物保护单位。

美丰银行为 2 层砖木结构殖民式建筑，面朝西北，平面呈正方形，边长 24 米，面阔及进深均为 7 开间。外墙由红砖砌筑，粉刷白灰。一层为方柱拱券外廊，外墙面装饰中心放射并水平延伸的线条。二层不发券，用窗封闭外廊。屋面历经改造，成为中国传统建筑的飞檐翘角，东南方向屋顶设有老虎窗。

1922 年 9 月，中美商人各投资 10 万元合股创办美丰银行，中方由陈之麟担任经理，美方为美亚洋行（Meyer & Co.）经理兼任。1929 年 8 月 10 日美商转让全部股份，陈之麟担任行长，聘美国人为经理，至此转为纯粹的华商银行。

开办之初，经营极盛，可是不久因该行重要职员挪用行款，投机倒把，1927 年又被美方经理经营的美亚洋行倒账 40 余万元，使美丰银行亏损严重，元气大伤。1929 年 11 月银行缩小营业范围，裁员一半，并将在市面流通的钞票陆续收回，仍无法挽回颓势。行长陈之麟因经商失败，挪用行款甚多也携眷躲避他乡。同年 12 月 7 日银行倒闭，导致钱款存在该行的华南银行、瑞康钱庄等发生挤兑风暴。1931 年，民国福建省政府封闭

美丰银行，位于仓山区观井路29号弄5号，约建于19世纪50、60年代

美丰银行，成立清理委员会，陈之麟亦想尽办法偿还欠款。经多方努力，最终于1944年2月15日偿清债务。

该建筑建成一百多年来几易其主，功能也发生多次变化，明确可考的有裕昌洋行（Odell & Co.）、宝顺洋行、同珍洋行（Bull, Purdon & Co.）、基督教青年会、福建协和大学、福建美丰银行、美孚洋行（Standard Oil）、福州制药厂等使用过。因美丰银行最有影响力，故以该行名之。2013年，美丰银行作为“烟台山近代建筑群”的一部分被公布为福建省省级文物保护单位。

帝国主义在福州设立的银行、储蓄会等金融机构，起初是为在华外商提供经济服务，经营的业务主要为国际汇兑、金银买卖、发行纸币和贷款等，后来从流通领域延伸向生产、进出口贸易、房地产开发等各个方面，操纵福州的工商业、财政金融、政治和民众生活，并从事收集经济情报活动，对福州的政治、经济产生了破坏性的影响。

在帝国主义政府的纵容与支持下，洋行操纵了福州的茶市价格，垄断了茶叶出口权，茶叶不能待价而沽，华商、茶农亏损严重，他们无奈掺假、作伪，又进一步恶化了茶叶质量。而此时的印度、锡兰茶叶则在西方资本的运作下，从茶叶栽培、茶园管理，到产品的加工、包装等，都借助近代科技手段，保证了产品从内在品质到外在装饰的高质量要求。19 世纪 90 年代，印度、锡兰生产的物美价廉的茶叶终于击败了历史悠久的中国茶，成为世界的新宠。1890 年福州有 7 家洋行停业，1891 年最有实力的美商旗昌洋行、英商天祥洋行也相继停办茶叶生意。茶农更是苦不堪言，被迫放弃赖以谋生的行当。到 19 世纪末期，由于茶市不景气，福州口岸的对外贸易又变得萧条冷清。

第六章 教会学校建筑

教会学校是中国近代历史发展的特殊产物。西方传教士在中国开办教会学校的宗旨是培养为基督教服务的中国青年，目的是为传教服务。随着福州的开埠，英、美等国的基督教会便陆续派传教士来福州，他们边传教布道边开始筹办学校，从此福州成了帝国主义进行文化侵略的据点。

福州的教会学校办学始于1848年，美国美部会在南台保福山（今吉祥山）建立教堂，并在教堂内办了一所小学，成为福州最早的教会学校。之后福州格致书院、鹤林英华书院、三一书院、毓英女子初级中学、文山女子中学、陶淑女子小学、陶淑女子中学、福音精舍，以及专为传教而立的福音书院、圣学书院等教会学校相继创立。随着基督教教育的蓬勃发展，教会学校的办学层次、规模也朝着更高、更大的方向推进，先后创办了福建华南女子文理学院、福建协和大学和福建协和神学院3所大学。

教会学校是宗教和教育的结合体，而且宗教始终处于主导地位，是为传布宗教，实行宗教、奴化教育而开办的教育机构。学生入学后必须学习基督教礼仪，学会虔诚地礼拜、餐前祈祷等，时刻不忘“一切皆由主赐”的教诲，如果没有按要求做到就会被体罚或责骂。有的教会学校还规定不入教的学生就得不到毕业文凭。

教会学校坚持以“圣经”为核心课程，把“圣经溯源”“宗教大纲”等列为必修课，除此还教授简单的英文、算术、几何、生理、地理、历史、音乐等知识。教育主要是为了培养本地的传教士，女校则为教会及其学校提供女传道、牧师娘和女教师。其终极目的，传教士毫不避讳，即“中华归主”，这里所谓的“主”，表面上说是上帝，实质上就是指帝国主义列强，潜藏着让中国归顺帝国主义国家的深层含义。

教会学校开办初期招生十分困难，经常每个班只有几个学生，最多时也不会超过 10 人。传教士们很快意识到，帝国主义列强以战胜者姿态入侵中国，作为异质文化的西方宗教若要为中国民众接受，必须采取“文化复合”的方式，即从中国化、世俗功利事情做起，努力与民众拉近距离，博取他们的信任，赢得他们的好感，才能为传教事业开好头。英、美传教士经过调研，发现中国传统的民间教育机构被称作书院、书斋，便如法炮制，更改所办学校校名。传教士还取中文名字、学讲当地话等，以融入中国人的生活。为了缓和文化矛盾与冲突，采取妥协之道，在强调英文教学的同时，增加国文的讲授课程。中国化、世俗化还体现在教会学校有意识地采用中国传统建筑的形式语言，结合西式建筑技术、体量、多变构成等，建造中西合璧的校舍。此外，通过免学费，发放衣、食、用等物品，甚至还给学生家长一定的经济补贴等手段，来吸引贫困家庭的子女入学。教会的一系列措施逐渐有了成效。

教会学校英语授课教员都是地道的洋人，教学效果很好，培养的学生可以轻松报考有外语要求的邮政、海关等，这些都是当时社会上令人向往的职业。教会还会提供信息，帮助联系国外高等学校，推荐优秀毕业生到欧美各国留学深造。由于教会学校有以上种种便利，申请入学的学生逐年增多，学校的影响力也一天天扩大，促进了教会学校的稳步发展。

当时，英华、格致、三一是福州中学男校的佼佼者，华南、文山、陶淑则是女校的三鼎甲。父母及子女以能进入这些教会学校读书为荣耀，因为这几所教会学校的教学质量很好，大部分学生可以升入大学，或者出国留学，或者直接工作，入职“金饭碗”（海关）、“银饭碗”（邮政）、“铜饭碗”（盐务）、“铁饭碗”（洋行）等高薪又稳定的新兴行业，成为社会的精英阶层。

教会学校虽然设在中国的领土上，却不用向中国政府备案，他们有自己的管理体制，从来不受我国政府的约束，严重侵犯了我国的教育主权，成为名副其实的“外国文化租界”。当时，大量有爱国心的人不满于教会的霸权行径，尤其是教会学校的爱国师生，他们对教会学校的野心清楚得很。因此，教会学校生怕学生参加反帝爱国革命运动，想方设法遏制学生的进步思想和排外情绪。教会学校的教育也的确腐蚀了一小部分学生的灵魂，崇洋的思想慢慢滋生。这种思想的产生归根结底是由于清朝和民国政府的腐败，给帝国主义者的文化入侵造成可乘之机。不过还有更多具有爱国正义感的学生，为了维护民族的尊严而抗争。1905 年，美国欲迫使清政府续订《中美华工条约》，排斥和虐待旅美华工，激起中国各界的反美爱国运动。福州英华书院学生积极响应，不惜退学与该校主理（即校长）和美国领事针锋相对，据理力争。清末帝师、时任福建省教育会会长陈宝琛十分赞许学生的爱国行动，设立“全闽公学”（后改称商业学堂）收容遭到退学的 200 余名学生，给爱国学生运动以实际的支持与帮助，体现了中国文化人的使命与担当。

1915年开始的新文化运动标志着中国在思想文化领域进入觉醒阶段。从 1922 年开始至 1927 年，全国掀起了声势浩大的非基督教运动，非基督教运动又进一步扩大为反文化侵略运动，这迫使中国政府做出“收回教育权”的决策。此前大多数教会学校都在美国注册，没有一所向中国政府申请立案。1925 年 12 月，北京政府教育部颁布《外人捐资设立学校请求认可办法》，规定凡是外国人捐资设立的各等学校，都必须向中国教育行政官厅递交申请，获得认可方能办学。还规定校名前要增加“私立”二字；校长必须由中国人担任；设有董事会的学校，中国人应占董事名额的半数以上；学校不得以传布宗教为目的，课程不得以宗教科目为必修等。

《外人捐资设立学校请求认可办法》颁布后，在中共福州地委的大力宣传、支持和领导下，福州各界民众及师生团体立即开展有组织的、自觉的反帝行动。福建协和大学教师陈锡襄联络福州各教会学校进步师生，成立“福州教会学校立案委员会”，准备同各教会学校负责人商谈向我国政府立案事宜。但各教会学校负责人或推诿或不理睬，一些深受教会影响的华人教师和教职员工还从中作梗、阻挠。陈锡襄意识到通过和平方式不可能解决问题，要收回教育权必须采取强硬的办法。

1926年年底，北伐初步告捷，国民革命军进入福州，榕城人民兴高采烈，斗志昂扬。1927年3月24日，陈锡襄组织各教会学校进步师生及群众千余人，以“反帝国主义文化侵略，收回教育权”为口号，发动了一场轰轰烈烈的反帝爱国运动。学生的革命运动得到社会各界的响应与支持，声势不断扩大，极大地震慑了帝国主义者和反对势力，使他们意识到福州人民不达目的不罢休的坚定决心。同年9月，全省各级教会学校陆续改归当地政府部门管理，各校外国主理先后辞去职务，由中国人出任校长，校名前冠以“私立”二字，必修科“圣经”也变成了“三民主义”。

可是，教会学校改制后名义上由华人校长主持校务，实际上重要权力仍操纵在洋人手上。民国政府教育当局欺软怕硬，对教会学校没有形成有效监管，因此“收回教育权”没有实质性的改变。直至新中国成立，中华人民共和国政府才真正收回了教育主权。

接下来，介绍几所著名的教会学校建筑及学校办学、发展情况。

毓英女子初级中学教学楼坐北朝南，为2层红砖砌筑中西合璧式建筑。大楼中轴对称，南立面左右两端房间向前突出，屋顶为西式四面坡与中国传统歇山式结合。建筑南北立面中部顶端均建有西式三角形山花。

1859年，美以美会在麦园路创办了福州第一所女子学校，名为毓英

毓英女子初级中学教学楼，位于仓山区麦园路35号，约建于19世纪60年代

女子初级中学。1873年校方买下外商的一座茶行大楼作校舍，美国基督教卫理公会提供办学经费，主理校政者皆为美籍女传教士。1927年学校向民国政府申请立案，更名为福州私立毓英女子初级中学。1952年7月由福州市人民政府接管，并将福州私立寻珍女子初级中学和福州私立邮电学校的女生并入，成立福州第二女子中学，办学规模由初级中学升格为完全中学。1956年学校更名为福州第十六中学，开始男女生兼收，结束近百年的女校办学历史。

毓英女子初级中学培养了一位著名的女生，她就是中国第一位女留学生、女博士、世界妇女代表许金訇。1866年，许金訇出生于福州仓山的一个基督徒家庭，受父亲影响，她思想开放，不受腐朽习俗所束缚。她先在毓英女子初级中学学习，后到福州马高爱医院学医，18 岁时得到医院院长西格尼・特拉斯克（Sigourney Trask）帮助，联系上美国的海外妇女传道会，获资助赴美留学。许金訇以惊人的毅力，克服文化、生活、学业等重重困难，在异国他乡苦读十年，终于取得医学博士学位。1895 年学成归来，回到马高爱医院行医，并兼任该院院长职务。因医术高超，不久又被美以美会派到城内乌塔附近的娲氏纪念医院任院长，专门为妇女、儿童治病。她既诊治病人又开班授课，培养本土女医生，以帮助更多的病人摆脱病痛。1897 年，李鸿章委派她参加在英国伦敦举行的“妇女选举社团国际联盟”成立大会，她以渊博的学识和流利的英语让世界认识了中国女性的风采。许金訇一生都献给了医学事业，她精湛的医术和高尚的医德为世人景仰。

2000 年左右，毓英女子初级中学教学楼被拆除。

陶淑女子学校校园面积 10 余亩，由教学楼、宿舍楼、办公楼、教堂及操场组成。校园建筑均为砖木结构殖民式，外墙抹灰。教堂正对大门，坐东向西，为哥特风格，巴西利卡式平面。西立面设哥特式抱厦，立面开有哥特式尖券门窗和圆窗。教堂北侧为教学楼，方柱拱券外廊。教堂东侧为宿舍楼，凸字形平面，其南面为操场。教学楼北面为单层办公楼。教堂、教学楼、宿舍楼通过外廊连成一个整体，与独立的办公楼形成三面围合的校园空间。

1864 年，英国安立间（英语 Englican 的译音，即英国的）教会租用乌石山弥陀寺部分房间创办女子小学，称作安立间女学堂。经胡约翰夫人（Mrs Wolf）、豪师姑（Miss Houston）两任校长十几年用心打造，学校培养了许多女传道者。1878 年 8 月乌石山教案发生后，学校迁至仓山下

陶淑女子学校教学楼与教堂，位于仓山区岭后路 17 号，建于 1900 年

渡东窑原中国电报局旧址，名为旧电线书斋。1889 年朗彼息师姑（Miss Clara J. Lambert）接任校长，她募得大笔款项，购买了仓山岭后路的地皮并动工建设。1900 年新校舍建成，书斋迁入新址，改称陶淑女子学校。学校课程以“圣经”为重，教育的宗旨是培养学生成为向中国妇女传布福音的女传道者。

1927 年朗彼息辞职，由国人黄求恩出任校长。学校向民国政府备案，更名为私立陶淑中学，将“圣经”改为选修课。1951 年被福建省人民政府接收，次年，与鹤龄英华中学、华南女中合并为福建师范大学附属中学，择麦园路桃花山原寻珍女中旧址（现为仓山区对湖路 15 号）办学。本处校舍归福建师范大学艺术学院使用。

力礼堂与美志楼是鹤龄英华书院校舍的组成部分。

力礼堂坐西向东，为单层混合结构哥特式教堂建筑。平面呈十字形，长 32.5 米，宽 18.6 米，占地面积 604.5 平方米。外墙为红砖砌筑，花岗岩勒脚。为了增加强度，外墙使用了多组扶壁柱。屋顶设钢木三铰拱屋架，双坡屋面。礼堂东南角建有高 3 层的钟楼，内有美国霍华德公司（E. Howard & Co.）设计、麦克辛恩铸钟厂（McShane Bell Foundry Co.）铸造的大钟，钟上铭刻："E. Howard Clock Co. Boston New York and Chicago. McShane Bell Foundry Co. Baltimore MD. 1911"字样。

力礼堂，位于仓山区乐群路 18 号福州高级中学内，约建于 1905 年

1887 年，美以美会派力为廉（William Henry Lacy）和他的妻子到中国福州传教，并于 1887 年至 1894 年在鹤龄英华书院任教。任教期间，为纪念他们双方的母亲，力为廉夫妇与部分校友共同捐建了小礼堂，作为学校礼拜堂使用。因力为廉夫妇提议并带头捐款，建成后小礼堂被命名为力礼堂。

美志楼坐东朝西，为混合结构殖民式建筑。因地势西立面建 2 层，东立面作 3 层。正立面两层皆为方柱拱券外廊，柱础、柱头及拱券均为石制，檐口装饰简化的西式古典线脚。各楼层布局相同，都是中间设过道，

美志楼，位于仓山区乐群路 18 号福州高级中学内，约建于 1905 年

两侧各 2 开间。

美志楼是为纪念鹤龄英华书院第二任校长、美国传教士施美志(George Blood Smyth) 夫妇而建造的，故又名施教室。

1881 年，美国基督教传教士武林吉（Franklin Ohlinger）于仓山区鹤龄路创办福州大学，并担任主理，聘黄乃裳、黄乃英等华人参与授课。他引进美国中学的部分教科书，传授数、理、化等学科知识，开福建近代科学教育之先河。1890 年，为纪念捐资者、基督徒张鹤龄，学校更名为鹤龄英华书院，福州人则称之为“英华斋”。1928 年陈芝美出任第一任华人校长，他爱校如家，爱生如子，提出创建“第一流学校”“第一流教师”“第一流学生”的口号。由于学校前身为教会学校，教学重英轻中，学生国文水平有所下降，陈校长高薪聘请国学名师陈遵统、作家萧乾来校教学，还邀请林徽因、郁达夫等文化界名流到校开讲座，以提高学生对国文的学习兴趣和传统文化修养。学校办学 72 年成绩卓著，培养了许多杰出人才，如林森、侯德榜、陈岱孙、王铁崖、陈景润等。1952 年，鹤龄英华书院与华南女中、陶淑中学合并成立福建师范大学附属中学，今已成为福州市最优秀的中学之一。

鹤龄英华书院迁走后，原址设立福州工农速成中学，1956 年改名为福州高级中学。美志楼现为福州高级中学图书馆，力礼堂则作为学校体操馆使用。

2013 年，美志楼与力礼堂被公布为福建省省级文物保护单位。

福建华南女子文理学院彭氏楼面向东南，是 3 层混合结构中西结合建筑。底部为石砌半地下室，设有双重窗门。正立面有突出的 2 层门廊，一层为石方柱拱券，二层不发券，设塔司干列柱，顶上为露台。歇山式屋顶，覆筒板瓦，屋顶开有老虎窗。室内为内廊式，左右两侧设对称开间。

三层作礼堂，楼层为现浇钢筋混凝土密肋式梁板。

福建华南女子文理学院彭氏楼，位于仓山区上三路8号，1911年奠基，1914年建成。1941年遭火灾坍塌，抗战胜利后修复

福建华南女子文理学院共建有三座校舍，分别为彭氏楼、谷莲楼和程吕底亚楼。彭氏楼居中，为纪念捐资者美国商人彭氏（J. D. Payne），现为胜利楼。谷莲楼位于左侧，俗称谷氏楼，现名和平楼。程吕底亚楼位于右侧，为纪念首任校长程吕底亚，俗称程氏楼，亦称立雪楼，现名民主楼。谷莲楼、程吕底亚楼分别通过三层石柱连廊与中间的彭氏楼相接，形成一个中轴对称且互通的整体。校舍由美国建筑师毕齐（Wilfred W. Beach）设计，建筑十分宏伟瑰丽，又处于山头位置，更显巍峨壮观，惹人瞩目，被时人赞誉为“天国的基督堂”。

1907年5月，福州女子大学正式成立，选址仓山区上三路，是美以美会在福州创办的第一所教会女子大学。1908年，学校预科班开学，称华英女学堂，设中等师范课程，程吕底亚（Lydia Trimble）为首任校长。1916年，校董事会将校名改为华南女子大学。由于中国封建社会末期重男轻女思想仍很严重，女子上学不易，学校招生困难。为了促进招生，一方面，程吕底亚与美国纽约州立大学（The State University of New York）取得联系，提议让华南女子大学合格毕业生获得该校文凭，于1922年9月28日获得批准，毕业生还可直接进入美国大学研究院学习。另一方面，聘请清末举人黄乃裳、魏建祥、陈之麟、王振先，以及受过高等教育的女性如陈淑圭、王世静、李美淑、黄惠贞、陈佩兰等入校任教，通过这些士绅和名门闺秀的影响力，使福州民众意识到提高妇女文化知识的重要性。经过程吕底亚多年不懈的努力，学校的招生规模逐年扩大，有了“小姐学校”的美名。学校管理严格，重视教学质量，为社会输送了大批知识女性，她们成为各行各业的优秀人才。

1927年，学校成立由5名华人组成的校务委员会，外国人担任顾问。1928年，校务委员会任命王世静为校长，成为首任华人校长。1933年6月，民国政府教育部准许华南女子大学临时立案，承认中文、外语、教育、家政、数理、化学、生物7个系，改名为私立福建华南女子文理学院。1934年6月获批准永久立案，同年9月得到美国纽约州立大学承认，享有该校文学士、理学士学位的授予权。1951年，福建省人民政府将福建华南女子文理学院与福建协和大学合并成立福州大学，1953年改名为福建师范学院，1972年更名为福建师范大学，将福建华南女子文理学院校舍作为行政办公楼使用，亦称福建师范大学校部。

2013年，福建华南女子文理学院教学楼被公布为福建省省级文物保护单位。

福建协和大学校舍为美国建筑师墨菲（Henry Killiam Murphy，1877—1954）设计，由大小30座中西合璧式建筑组成，它们都有一个中国式大屋顶，主体则为西式混合结构、造型及装饰。在新文化运动背景下，墨菲探索出这种中国建筑民族形式的教会大学校舍，令校方引以为豪，称赞

福建协和大学校舍建筑群，位于马尾区魁岐村中下 279 号，1922 年始建

其为“每座建筑都有一个墨菲的宫殿式大屋顶”，当地农民则称之为“大学教堂”。

1911 年，世界基督教大会推选高等教育委员会会长高绰博士（Dr. John Goucher）赴福州，与福建基督教各教会商议联合创办大学事宜。经酝酿、筹备，于 1915 年正式成立福建协和大学，推俾益知（W. L. Beard）为董事长，庄才伟（Aduin C. Jones）为首任校长。开办之初租仓前山美丰银行作校舍。1917 年福建协和大学办学质量获得美国纽约州立大学认可，可参照美国大学毕业生的管理办法取得学士学位。翌年，得美国罗氏基金董事会、庄校长之兄嫂捐资，办学条件逐步改善。1922年，择福州市东郊鼓山脚下，闽江之滨的魁岐村为校址，并开始建设各类新校舍。

1927年林景润任校长，遵照民国政府私立大学规程呈请立案，因不符合大学至少要有3个学院的规定，遂以私立福建协和学院立案。20世纪30年代，学校开始招收女生，增设农学与农业经济学两个系。学校办学35年，聘请了不少著名专家学者来校任教，如郭绍虞、叶圣陶、严叔夏、林兰英、余元桂等；培养了1300多名合格毕业生，他们成为科技、农业、教育等方面的人才，其中有郑作新、林兰英、黄维垣、唐仲璋、唐崇惕、俞永新、余松烈、曾呈奎9名中国科学院或工程院院士。唐仲璋、唐崇惕父女先后当选为中国科学院院士，更是传为美谈。

1951年1月，教育部将福建协和大学和福建华南女子文理学院合并，成立福州大学，校址设在福建华南女子文理学院旧址，同时在福建协和大学校区内设福建农学院。1952年厦门大学农学院并入福建农学院，统称为福建省立农学院，1994年更名为福建农业大学。2000年10月，福建农业大学、福建林学院合并组建福建农林大学。

1958年，福建省立农学院从魁岐村迁往鼓楼区梅峰，大学校舍留给铁路部门使用。1970年，福州铁路局又将校舍移交给福州制药厂（现为海王福药制药有限公司），迄今仍在使用。

福建协和大学校舍现存15座建筑，是福州现有最大的近代建筑群，2013年被公布为福建省省级文物保护单位。

美国长老会传教士狄考文（Calvin W. Mateer）对教会学校的特殊作用做了如下描述：真正的教会学校，其作用并不单在传教、使学生受洗入教，他们要给入教的学生以智慧和道德的训练，使学生能成为社会上和教会里有势力的人物，成为一般人民的先生和领袖。帝国主义者幻想通过教会学校教育，使新一代中国知识分子成为社会精英和领袖人物，然后控制这些社会精英和领袖人物，从而把握中国未来的发展方向。传教士的理想并没有实现，教会学校却对福州的教育事业做出了实实在在的贡献。教会教育在福州形成了从小学到大学的一套完整的近代教育体系，使中西文化在碰撞中融合，在交流中发展壮大。虽然教会学校文化侵略的动机明显，但客观上传播了科学知识、近代思想及西方新式教育理念，这些对福州的近代教育起了启蒙作用。尤其是女校的诞生，使福州女性的知识水平及各方面素质得到提高，一些知识女性还在世界妇女组织的影响与号召下，带领福州女性迈出妇女解放的坚实步伐。福州近代受西方文化影响的名人有罗丰禄、许金訇、林森、黄展云、林长民、刘崇佑、侯德榜、洪煨莲、王世静、郑振铎、陈岱孙、庐隐（黄淑仪）、谢婉莹（冰心）、张钰哲、萨本栋、林徽因、高士其、沈元、陈景润……他们在各自的领域颇有建树，成为近现代闻名世界的人物，为福州乃至中国的文化事业做出了巨大贡献。

第七章 教会医院建筑

1844 年 7 月，清政府与美国签订了《望厦条约》，规定美国人可以在通商口岸建立医院。不久其他帝国主义国家也取得同样的权力。与成立教会学校一样，基督教建立医院的真实目的也是传教，而且是作为传教的主要手段之一，故所有在华的教会医疗机构都配有专职神甫或牧师。当时西方传教士认为，“在一切有助于传教的事业中，最有价值的是医药知识。……传教与行医……两者应并行不悖，开放中国的美好工作才有效果”。因而教会医院具有双重身份，即表面上是医疗机构，实质是传教机构。

基督教与中国传统文化、宗教和习俗等都存在巨大差异，西力东渐使基督教的传播打上了深深的殖民侵略的烙印。教会医院作为整个传教事业中的一个组成部分，必然会与近代中国社会发生矛盾与冲突，但中国医疗卫生事业的落后为传教士利用发达的西方医学打开了传教的突破口。

近代福州生活环境及卫生状况较差，民众公共卫生观念淡薄，加上自然灾害等侵扰，致使瘟疫盛行。当时福州的医疗水平落后，多以传统中草药或土方治病，甚至还盲目迷信神祇的作用，治疗效果可想而知，面对流行疾病，当地政府经常束手无策。精明的传教士很快发现，通过慈善方式医疗百姓疾病，能够比较容易地接近当地人，慢慢取得他们的信任，渐渐地缓解由于文化上的隔阂以及帝国主义武力侵略所带来的仇恨心理。虽然这个过程较为漫长，但是最为有效。传教士们开始调整策略，将治病与传播西方医学放在首位，通过免费提供医疗服务、药品和传授简单的西医知识等手段，在贫民中打开缺口，逐渐消除人们的戒心，而后对其讲经布道、宗教感化，顺其自然地使当地人受洗入教。同时，传教士们还帮助当地民众改变不良生活习惯和改善环境卫生，他们不经意间翻开了福州近代公共卫生事业的篇章。

近代西方医学在华传播有三种途径：一种是通过翻译西方医学书籍，把西方近代医学知识和经验介绍到古老的中国。一种是传教士在中国开办的医疗诊所中边行医边培养中国助手，既可辅助他们行医，也培养了中国早期的西医人才，扩大了中国人对西医的认知。还有一种是在中国人信任的基础上建立完备的教会医院，用西医方法治病救人，也是医学生实习、工作及开展医学研究的医疗机构，是最高层次的传播方式。这三种途径互相关联，层层递进，使西方医学逐步渗透到中国社会中来。

当免费施诊、送药等初见成效后，为进一步巩固成果、扩大宣传面，西方医学书籍的出版便迫在眉睫。从 1850 年起传教士纷纷编译西医著作，如罗孝全（Issachar Jacob Roberts）译《家用良药》；嘉约翰（John Glasgow Kerr）译《西药略释》《眼科撮要》《内科阐微》《皮肤新编》《炎症》《英汉病目》等；合信（B. Hobson）编译《全体新论》《西医略论》《内科新论》《妇婴新说》《博物新编》《医学语汇》等；狄曼（T. T. De Van）著《中英文医学辞汇》《高氏医学辞汇》……一些在华传教医师还自编医药和医学方面的小册子，在就诊间隙向病人传播基督教教义时散发。这些数量庞大、种类繁多的书籍、小册子为建立教会医学校、医院做好了铺垫。

教会在福州兴建医院、兴办医学教育，以 19 世纪 80 年代为界，分为两个阶段。前一阶段时断时续，处于摸索当中。当时来福州的传教士医生人数稀少，他们开设简陋的医疗诊所，一边施医，一边传道。由于福州当时常发疫病，严重威胁人们的身体健康，传教医生要在保障自身生命安全的情况下开展工作，因此他们都不会在当地逗留很长时间。1847年，美以美会传教士怀德（Wilder）在仓山以行医方式向求医者传教，是最早在福州从事医疗卫生工作的传教士。1851年，美以美会传教士威廉（William）将诊所设在中洲岛，诊治病人并传道。数年后，怀德和威廉先后离开仓山回国。留下的传教医生不得不招收当地青年，在诊所中采取以师带徒的方式对他们传授简单的西医常识，培养助手、护理工或传教士，以协助他们工作。如1876年美部会传教医生柯为良（Dauphin William Osgood）在其医馆中开设医学班，一边对学生进行西医教育，一边让学生协助临床医疗。这些诊所或医馆不知不觉为福州培养了一些早期的为教会服务的本土医务人员。

但诊所或医馆师徒式的培训方法不仅无法满足教会医院对医务人员数量与质量的需要，更不能达到文化渗透的政治目的。为了加快培养服务于教会的中国西医，自19世纪80年代起，基督教各差会竞相大规模地向福州派遣传教医生，提高了创办正规医学校的速度，掀起了兴办教会医院的高潮。1887年，中华圣公会在仓山塔亭路创办塔亭医院，成为福州第一家西医院；1891年，美以美会在仓山岭后设妇幼医院，次年在南门购地建妇孺医院，并设护士学校；1898年，英国圣公会在北门建福州柴井基督医院；1900年，美国卫理公会在仓山创办马高爱医院；1901年，英国圣公会布道会在马尾创办马限山圣教医院，1912年，又在福州柴井医院开办福州协和医学校，后与1911年迁来福州的莆田双凤医学校合并，由英、美两国圣公会，美国宣道会、美以美会联合创办，于1914年改名为福州协和医学院；1921年，英国圣公会女差会在塔亭医院内建立塔亭护士学校；1935年，天主教福州教区在南门澳尾巷原仁慈堂创办德撒医院；1936年，马高爱医院与圣教妇孺医院合并成立福州基督教协和医院……

接下来以医院建筑构筑时间为序，谈谈几所典型教会医院的演变史。

马限山圣教医院院长公寓，位于马尾区马限山山顶，建于20世纪初

马限山圣教医院院长公寓为医院附属建筑，公寓面向西南，是单层砖木结构殖民式建筑，占地面积280平方米。底部架空，外饰毛石。砖砌墙体，粉刷白灰。列柱方窗，西南立面开落地门窗，前面设平台与石阶，平台围有小矮墙。

马限山圣教医院分为两个部分，由位于马限山山顶的院长公寓和位于西南麓的两座门诊楼组成。抗日战争初期门诊楼遭日机轰炸，墙上弹痕累累，院长公寓屋顶也被炸塌。1944年，日军再次侵犯马尾，将第23旅司令部设在门诊楼，医院面目全非。1945年日本败退，教会聘任华人王仲方博士为院长，主持医院的修复与日常工作。1951年12月27日，福建省人民政府接管医院，改名福建省马江医院。1963年划归福州市卫生局管理，更名为福州市马江医院。

2020 年，马限山圣教医院院长公寓作为马尾区马限山近代建筑群的一部分，被公布为福建省省级文物保护单位。

马高爱医院综合楼坐南朝北，为一座北立面 2 层、南立面 3 层的混合结构殖民式建筑，外墙由红砖砌筑。主立面中轴对称，入口处设拱券门廊，左右两端房间呈弧形凸出。南立面为八字形平面，中部立面为 3 层拱券外廊，其余立面设拱券窗。马高爱医院迁走后，福建华南女子文理学院附属高级中学购买了医院产权，将综合楼增高一层，并把平屋顶改

马高爱医院综合楼，位于仓山区对湖路与上三路交叉路口，建于 1912 年

成坡屋顶。

马高爱医院由巴尔的摩一位女信徒捐款，委托毕业于美国纽约女子医药大学的西格尼·特拉斯克负责建造，并任命她为第一任院长。为纪念捐款人而被命名为马高爱医院，当地人习惯依地理位置而称之为“岭后妇孺医院”。1910 年医院大楼遭台风袭击倾圮，1912 年在原址建综合楼。综合楼设有门诊部、外科、产科、手术室、实验室、教室、办公室，以及洗衣房、运动场等附属设施。接着又购买了紧邻医院东南面的 32 间中式房屋，改造成隔离病房。马高爱医院成为当时全国最早、最大的妇女、儿童专门医院和福州首个设立隔离病房的医院。

马高爱医院涌现了两位中外巾帼英雄。一位是中国第一位女留学生、女博士、世界妇女代表许金訇。她从马高爱医院毕业后，留在医院学习护理病人，后得海外妇女传道会资助赴美学医，学成归来为祖国的医学、公共卫生、妇女解放事业鞠躬尽瘁，成就丰功伟业。另一位是被誉为中国护士会之母的美国人信宝珠（Cora E. Simpson）。1907 年信宝珠受美以美会妇女部派遣，千里迢迢来到中国福州，就任马高爱医院护士长。她创办了在中国注册的第一所护士学校——佛罗伦萨·南丁格尔护士和助产士培训学校，并拟定专业培养计划。在她的呼吁下，1914 年 6 月在上海召开了中国护士协会第一届全国代表大会，此次大会成了我国护理学的发端。信宝珠从 1922 年起担任中国护士会总干事，直至 1944 年回国，对中国的护理学事业厥功至伟。

1936 年，马高爱医院与圣教妇孺医院合并，成立基督教协和医院，设址鼓楼区新权路。此后，马高爱医院原址先后为福建华南女子文理学院附属高级中学，福建师范大学教育系、数学系等使用。1997 年，马高爱医院综合楼因上三路改造工程被拆除。

宜夏别墅，位于晋安区鼓岭宜夏村后浦楼 457 号（原门牌号），建于 1919 年

宜夏别墅依山而建，朝向西南，为单层石木结构殖民式建筑。面阔 29 米，进深 22 米，占地面积约 600 平方米。虽然是单层，但层高很高，建筑内部空间高大宽敞。底层架空，正立面开有很大的通风口。西南面和东南面设有约 3 米宽的外廊，建筑右侧为凸出的多边形角楼。别墅周围绿树成荫，风光旖旎。

1919 年，宜夏别墅由威廉・甘布尔夫人（Mrs.William Gamble）捐资，美以美会美德信医生（Dr. Emma J. Beton）负责建设。建成后作为鼓岭侨民医院使用，设有三个病区、一间手术室、一间浴室及医护、仆人用房。虽为侨民医院，但也服务于鼓岭山民，穷苦百姓还可获得免费医疗。中华人民共和国成立后为我国政府接收，1958 年更名为鼓岭卫生院。1985 年起改变功能，作为福州于山宾馆鼓岭分馆使用。1992 年 8 月，美国人密尔顿·加德纳（Milton Eugene Gardner）夫人来鼓岭期间就住在该建筑。

1998 年，宜夏别墅被公布为晋安区区级文物保护单位。

福州基督教协和医院病房大楼坐北朝南，打杉木桩和片筏为基础，依据地势灵活采用不同结构、建设不同层数。建筑平面为工字形，带有地下室，西侧为 3 层框架结构，中部 4 层和东侧 3 层均为承重墙砖混结构。南立面底层中部设大门，二层悬挑阳台，顶部为三角形山花。地下室为石砌墙体，设铁栅窗。一层以上红砖砌筑，设木百叶、木框玻璃的双重门窗。刚性平屋顶，四周围女儿墙。楼层为现浇钢筋混凝土密肋式梁板，彩色水

福州基督教协和医院病房大楼，位于鼓楼区新权路 29 号，1936 年奠基，1937 年竣工

磨石地面。工字形内走廊，两侧设开间，全楼共有 255 个房间。1981 年，为了增加使用面积，病房大楼整体加高一层。

福州基督教协和医院病房大楼由美国卫理公会协和建筑部工程师林辑西设计，陈其昌营造厂承建。因外墙使用红砖，故又被称作红楼。病房大楼配置先进的医疗器械，设有手术室、隔离室、接生室、私人病房、X 光室、教学手术看台等，还辟有治疗肺结核病人的独立区域。配备电梯、供水、供电、蒸汽管道等设施，科学利用蒸汽管道的高压消毒、洗漱和低压取暖，协和医院成为当时福建省规模最大、设备最先进的医院，该楼也是南方唯一有取暖功能的建筑。医院执行美国医学标准化管理模式，形成治院严格、医风严谨的做派，出现了戴毓昭（Laura G. Dyer）、普天寿（Brewster）、杰克（Miss Jacobs）等医术高超、医德高尚的教会医生、护士，他们扶危救人的美德载入医院史册。

医院前身是圣教妇孺医院，1936 年与马高爱医院合并，名为福州基督教协和医院。曾经改称福建人民医院，现更名为福建医科大学附属协和医院。经百年薪火传承，积淀出协和特有文化和医者精神，而今是福建省最著名的三级甲等综合性医院之一。

2013 年，福州基督教协和医院病房大楼被公布为福建省城市优秀近现代建筑。

塔亭医院门诊楼坐东朝西，为 3 层砖木结构中西合璧式建筑。建筑平面为长方形，西立面一层作开敞式外廊，设大门和对外窗口。大门不居中，向南偏约一开间，上方的走廊呈弧形突出，以显示入口门面。二、三层东西两侧均设走廊，用木框玻璃窗封闭。室内设内廊，两边为病房和医务室。屋顶采用中国传统歇山式，气势雄伟。

塔亭医院前身为 1848 年创建的英国皇家海军与领事馆合办的海港医

塔亭医院门诊楼，位于仓山区烟台山东麓上藤路 47 号，建于 1948 年

院，是福州最早设立的西医院。1866 年海港医院由西方侨民团体接办，在中洲沿江盖 2 层楼房，取名福州地方医院，医院的负责人由英国领事馆馆医连尼（Thonas Rennie）兼任。1886 年医院遭火焚毁，翌年得英国圣公会女差会赞助，移址塔亭重建，依地名改称福州塔亭医院，并在院内设护士职业学校。初创时期因民众不信西医，曾用免费或低收费吸引病人。1894 年增设女病房，1912 年建手术室，后内、外、妇、小儿及化验、放射等科室相继成立，规模逐步扩大。二战时福州两次沦陷，陈颂

磐、陈宗磐兄弟及陈为信三位医生，始终坚守岗位，将塔亭医院作为特殊的战场，与日军机智周旋，使医院成为保护抗日勇士的最前线。1952年10月由福州市人民政府接管，改名为福州工人医院。1956年8月更名为福州市第二医院，1984年12月起，同时使用福州市中西医结合医院院名。如今，该院已发展成为以骨科为重点的福建省唯一一所三级甲等中西医结合医院。

塔亭医院门诊楼曾作为医生宿舍使用，现已修复完成，将迎接新的使命。

福州柴井基督医院病房大楼为3层中西合璧风格建筑，平面不规则，四端有突出的角楼，大小不一。屋顶为西式四面坡和中国传统歇山式结合，

福州柴井基督医院病房大楼，位于鼓楼区华林坊，建于1948年

最大的屋顶上开有老虎窗。病房大楼掩映在茂林修竹之中，环境优美清静。

1898 年，英国圣公会在北门华林坊购置民屋开设小医馆，乔治·威尔金斯（George Wilkinson）（中文名官维贤）出任首任馆长。1901 年开始，医馆拓展规模，兴建病房大楼、公馆、宿舍等建筑群，开办护士学校。1927 年，依我国教育部规范，护士学校更名为私立柴井高级护士职业学校。1929 年，医馆取名福州柴井基督医院。1952 年 3 月 15 日，由福州市人民政府接办，命名为福州市立医院，又将护士学校与福州医士学校合并，重组成福州卫生学校。1969 年 12 月，迁至福州市台江区达道路 190 号（原为福建医学院附属工农兵医院旧址，其前身是福州合组医院），开始使用福州市第一医院名称。2011 年，又更名为福建医科大学附属福州市第一医院，现在是福州市属唯一一所三级甲等综合性医院。

横跨三个世纪，经历一百多年风霜，福州柴井基督医院从简陋的教会小医馆，逐步发展成一所由我国政府承办的，集医疗、教学、科研、预防、保健为一体的现代化综合性医疗机构，而今仍在开拓创新，砥砺奋进。

福州柴井基督医院原址现归福建省公安厅使用。

教会在中国编译出版医学书籍、办学、创建教会医院等，培养了大批本土西医人才，建立了完善的西医科学体系和先进的管理模式，推进了我国近代医学的发展进程。难能可贵的是一些抱有人道主义信仰的传教士舍却西方优越生活，来到中国无私奉献青春，有的还牺牲宝贵的生命，为中国的医学事业做出了不可磨灭的贡献。但是帝国主义列强以西医为工具，对我国发动殖民侵略也是不争的历史事实。教会以西医为先导在中国开展基督教传播活动，本质上是帝国主义侵犯中国主权的行为。

第八章 工业建筑

福州的近代工业始于19世纪中叶，主要经历了三个阶段，首先是福州开埠通商后，洋人在福州开设工厂；其次是清廷洋务派官办近代军工企业；最后是辛亥革命后民族企业的成长。

福州开埠通商后，随着茶叶贸易的兴盛和航运业的发展壮大，出现了一批洋人开办的工厂，如1854年英商在马尾罗星塔下创办供应船料和修理船舶的船厂、1859年美以美会在仓山建立美华印书局，之后外商又陆续设立锯木厂、制冰厂、火柴厂、砖茶厂等，但因福州市场低迷，经营不景气，到20世纪初均告倒闭或转让。

洋商福华茶厂，位于仓山区朝阳路六一路口，创办于1845年，是我国第一家机器制造砖茶的茶厂。厂房系2层砖木结构，底层为连续拱券门。内部空间宽敞，光线充足，按砖茶生产功能、要求布设机器。该建筑于2020年拆除

外商所办工厂采用西方建筑形式，因资金、能力所限，一般建筑规模较小，外观简朴。但因其工业性质而更多采用新型建筑材料和技术，建筑内部空间分布和结构也与工厂特性紧密相关。外商所建工厂建筑成为福州近代工业建筑类型之肇始。

中国近代军工企业的创办系于国家存亡之际。

帝国主义列强凭借坚船利炮在我国沿海不断制造事端，迫使清廷一次次签订不平等条约，致使中国海权日衰，国将不国。为抗击帝国主义者的侵略，清朝统治阶层及有识之士对“练兵制器自强”的主张形成共识。

早在 1864 年，时任闽浙总督左宗棠就得到法国人日意格（Prosper Marie Giquel）和德克碑（Paul Alexandre Neveue d' Aigwebelle）的帮助，试造了一艘小汽船，左宗棠颇为心动，认为当前中国海防最需要的就是这样的新式武器。1866 年 6 月 25 日，左宗棠上疏朝廷，提议在福建海口罗星塔一带成立船政局，以便造船和整理水师，很快获得朝廷批准。德克碑随即回国，向法国政府汇报情况并着手草拟合作计划。法国人之所以

日意格（1835—1886），法国军官。1857 年参加英法联军侵占广州，1861 年任宁波海关税务司，1866 年任马尾船政局正监督，1884 年中法战争爆发后被解职

德克碑（1831—1875），法国军官。1862 年在宁波参加常捷军，助左宗棠镇压太平军。1866 年任马尾船政局副监督。1870 年随左宗棠赴陕甘，镇压回民起义

如此热心，主要是为了和英国争夺侵华利益。

正当左宗棠紧锣密鼓筹建马尾船政局（或称福州船政局）之时，9月25日奉旨调任陕甘总督，走马上任前他三顾宫巷沈府，诚邀丁忧在家的江西巡抚沈葆桢出任船政大臣。沈葆桢上任后不负期望，顶着一众保守顽固派大臣们的阻扰，雷厉风行，夜以继日地修建厂房、船台、船槽、物料栈库、职工宿舍等。由于生产设备安装、工人培训的进度大大超过预定计划，沈葆桢果断决定边继续建设边开始生产。自1866年底动工，到1869年6月第一艘船体下水，用时不到三年。

沈葆桢（1820—1879），福州人。幼年就博学多识，常与舅舅林则徐交流读书心得。1861年任江西巡抚，1866年调任福建船政大臣，主持马尾船政局建设。1874年授钦差大臣，赴台办理海防，兼任各国事务大臣。1875年升任两江总督兼南洋通商大臣，督办南洋海防

自强之计在于“师夷”。马尾船政局甫一创办，沈葆桢就高薪聘请日意格为正监督，德克碑为副监督，并委托他们招揽大批造船专业技术人员来华，负责技术指导和教授学生等工作。中国方面则紧急筹措经费、准备物料和招募本国员工等事宜。船厂破土动工后，立即筹办学堂，初名求是堂艺局。1867年1月正式开学，在马尾校舍未竣工前暂借福州于山白塔寺上课，迁入马尾后改称前学堂。当时法国的造船技艺较优，故习法文，学制造。同时设立后学堂，设驾驶班、管轮班。彼时英国的驾驶、管轮技术最为先进，故后学堂聘英国技术人员，以英文授课，习驾驶与管轮。1867年12月设绘事院，培养制图人才。1868年2月设立艺圃，招收艺童，培训能够独立按图加工机器的工人。各式学堂竞相创办，各种工业

用房竞相建设，这些都为马尾船政局的快速发展壮大打下了良好的基础。

马尾船政局属于洋务运动官办的近代军工企业，决定了它的建筑群布局受中国传统文化和西方近代工业区功能主义的双重影响，而工业建筑作为新兴的建筑类型，其建筑形态、结构特征、表现语言等则源自西方。船厂建筑分坞内、坞外两部分。坞内三面围以深壕，是船厂重点部分，有铸铁厂、轮机厂、水缸厂、打铁厂、木模厂、帆缆厂、钟表厂、火炉屋和绘事楼。坞外建有拉铁厂、铁锤厂、砖瓦厂、石炭厂、冶铁厂、储藏厂。坞后分布着住宅、衙署、学校等。在船政衙门后山上建有天后宫，以求庇佑船政发展顺利，体现了中国人的宗教文化信仰。

因规模需要，马尾船政局用地面积由 328 亩扩充至 600 亩左右。由于造船未及原计划的一半经费就已经超过预算，清廷保守派认为花费无数却收效甚微，于是趁势奏请停办。左宗棠、李鸿章和沈葆桢等力排异议，一致主张坚持，马尾船政局才免于半途而废。

马尾船政局聘来的洋人经常挟技居奇，刁难中方，沈葆桢暗下决心，一定要尽快掌握造船技艺，把握主动权。1869 年 6 月 10 日，马尾船政局制造的第一艘运输船“万年清”号下水试航，为了检验中国人的驾驶技术，沈葆桢决定全部由中国人来驾驶。渔民出身、熟悉海上情况的贝锦泉被委以重任，升为该轮管驾，这引起法国监工不满，还煽动洋匠们罢工。沈葆桢强忍怒火，等“万年清”号成功试航归来，当即辞退傲慢的法国监工及洋匠。

从 1866 年到 1907 年，马尾船政局共造大小兵、商轮船 40 艘。1873 年以前在洋员指导下皆为仿制，以后解雇大部分洋员，由学成归国的留学生担纲，自主设计、监造舰船。19 世纪 80 年代，国外进入钢船时代，1887 年马尾船政局自行研发制造的第一艘钢甲舰、2400 吨排量的“平远”号，其钢甲、动力、武装等性能均超越同时期建造的法舰，说明中国造

即将下水的“万年清”号运输船，船上两舷插满彩旗，为庆典之用

船技术已经达到当时世界先进水平。

1876 年闽海关的关税收入锐减，又因福州自然灾害严重，海关对于船政供给颇为吃力，拖欠了不少经费。虽裁员减薪，仍难以为继，停办船政的言论再次甚嚣尘上。可船政大臣何如璋不为困难束缚，他信心十足，大刀阔斧奏请闽海关每年拨款 60 万两经费，先清还欠款再逐步扩大规模，然而雄图未展便因中法战争爆发而搁浅。

1884 年法军进逼越南谅山，清军被迫反击，在观音桥大败法军。当年7月法国借口“观音桥事件”，派遣法军远东舰队在孤拔（Amédée Anatole Pros-per Courbet）率领下强行进入马尾港内停泊。何如璋和会办福建海疆事务大臣张佩纶遵照朝廷“不准先行开炮，违者虽胜亦斩”的旨意，不做任何防御准备。8月23日13时56分，法国舰队利用退潮的有利时机突然发起攻击，福建水师虽然展开英勇还击，但由于仓皇上阵，加上整体装备落后，火力处于劣势，多数军舰未及起锚就被法舰击沉。海战不到30分钟，福建水师兵舰即被击沉9艘，自沉2艘，官兵殉国700余人，船厂、船坞、船槽及衙署等均中炮，受损严重。福建水师几乎全军覆没。

1896年，福州将军裕禄接任船政大臣，他胸怀远大抱负，力图东山再起。光绪帝在维新派的鼓舞下也想重振雄风。法国公使获悉中国政府有意整顿船厂，竭力与清政府谈判中法重建马尾船政合作事宜。但是，1898年9月朝廷发生戊戌政变，慈禧太后重新听政，她废新法、杀党人，“海上强军”计划随之灰飞烟灭。

民国成立，废船政大臣，设船政局局长。1913年10月马尾船政局划归海军部管辖，把前学堂改为制造学校，后学堂改成海军学校，由海军部直接管理。艺圃学校改为艺术学校，仍隶属于船政局。1915年冬，江南造船所所长陈兆锵任马尾船政局局长，他高瞻远瞩，召集飞机制造专业留学归来的王孝丰、王助、曾贻经、巴玉藻等人，成立海军飞机工程处，创办飞机制造新兴工业。自1918年1月创办海军飞机工程处，到1931年10月海军制造飞机处并入上海江南造船厂止，在13年又9个月的时间中，马尾船政局共制造水上飞机17架，中国首架飞机就是由马尾飞机工程处自主研发并成功翱翔蓝天的。

1941年4月，日军侵占马尾，对造船所大肆劫掠，同年9月撤退时纵火焚烧厂房，船坞、码头亦被炸毁。1944年10月，福州二次沦陷，马尾再遭日寇蹂躏，轮机、铸铁两厂仅存屋架。蒋介石军队兵败南逃时，又劫走所剩无几的机器设备，并破坏剩余厂房。马尾船政局满目疮痍，惨不忍睹。

创办船政，是中国人被帝国主义列强欺凌下的自强之路。通过学习西方长技，马尾船政从无到有，从小到大，成为中国近代官办最早最大的新式造船厂、飞机制造的首创地和中国工业制造之肇端，有力地推动了中国工业近代化的进程。马尾船政局还培养了大批杰出人才，如严复、萨镇冰、陈季同、邓世昌、詹天佑、刘步蟾、叶祖珪、程璧光、林永升、高鲁等，他们群星璀璨，引领风骚，在中国海军史、教育史、工业史、思想文化史及近代科技史上都留下浓墨重彩。

严复(1854—1921)，福州人，中国近代启蒙思想家、翻译家。以第一名成绩被马尾船政学堂录取，也是首届最优等成绩毕业生，后留学英国海军学校。1880年任北洋水师洋文正教司，1889年任总教司，后升总办。中日甲午战争后发表《论世变之亟》等文，反对顽固保守，主张维新变法。译《天演论》，号召人们救亡图存，对当时思想界有很大影响。戊戌变法后，翻译《原富》等，传播西方资产阶级政治经济思想和逻辑学。首次提出“信、达、雅”的翻译标准。曾担任京师大学堂（今北京大学）校长。今辑有《严复集》

萨镇冰（1859—1952），福州人。马尾船政学堂第二期学生，1872年以第一名成绩毕业，后留学英国格林尼治皇家海军学院。1917年起任北洋政府海军总长、福建省省长，一度代理国务总理。1927年任国民政府海军部高等顾问。1933年帮助李济深等在福州成立“中华共和国人民革命政府”。新中国成立后，历任全国政协第一届全体会议特邀代表、全国政协委员、中央军委委员、福建省人民政府委员

马尾船政现存一号船坞、绘事院、轮机厂、钟楼等建筑，于 2001 年被国务院公布为第五批全国重点文物保护单位。

马尾船政一号船坞又称青洲船坞、罗星塔船坞，用于制造、维修舰船，是当时仅次于英国利物浦的世界第二大船坞。一号船坞长 128 米，宽 33.5 米，深 9.3 米，用巨大花岗岩石砌成一层层坡壁踏步，坞口设有水闸。坞外水域十分宽广，可停泊百艘舰船。船坞两旁设有办公厅、机器厂、水泵房、车间、材料房、水手房等附属建筑。

马尾船政一号船坞，位于马尾区罗星塔路与罗星西路交叉路口，建成于 1893 年

从 1883 年 1 月奏请修造大船坞计划起，至 1893 年 8 月建成，历时 10 年又 7 个月。其间因经费、战争等问题一再停办、复办，建设之路天荆地棘，异常艰难。竣工后一号船坞能容纳下当时我国最大的兵、商船，不仅制造、维护中国舰船，还承接对外修船业务，修理过美、法等国各种类型船只，所得款项列入正款开支，缓解了捉襟见肘的运行经费问题。

马尾船政绘事院和轮机厂两座建筑并排而列，坐东向西。绘事院居南侧二层（一层为合拢厂），是中国最早的近代船舶设计机构，在清代的官方文件中又被称为“绘事楼画馆”，兼具教育功能。绘事院为混合结构，红砖砌筑，面阔 7 间，进深 3 间。底层中央设大门，两旁为落地窗。二层立面有突出的方形壁柱，柱间设拱窗。屋架为三角形木桁架，四面坡屋顶，

马尾船政绘事院和轮机厂，位于马尾区江滨东大道 139 号，均建造于 1867 年

南北两端各设一老虎窗。北侧为轮机厂，即装配车间，专为轮船制造各种机件。轮机厂为单层混合结构建筑，悬山顶，两面坡，典型的西式近代厂房样式。厂房中央设有两列铸铁柱，铁柱上横跨木桁架，以方木纵横交剪。

马尾船政绘事院和轮机厂曾遭受日机多次轰炸，以及国民党军队的破坏，但都因结构坚实得以残存。2006年经过精心修复，现作为马尾造船厂历史陈列馆使用。

为了使船政官绅、教员、学生、工匠等以一个共同的时间维度来工作、生活，马尾船政局在厂区内设立大型的公共授时工具——西式钟楼，以此实现厂区的时间标准化。

马尾船政钟楼，位于马尾区江滨东大道139号，建于1927年，是马尾船政历史上第三座钟楼，由时任马尾船政局局长陈兆锵主持修建

马尾船政钟楼为塔状独立建筑，钢筋混凝土结构。平面为正方形，楼高5层，自二层以上每层均围铸铁栏杆，顶部设有塔刹、风向仪和指向标。二层天花上绘有中国传统气息浓厚的装饰

纹样。第五层安机械钟报时，四面墙都装有一个圆形表盘，表盘直径约 1 米，不同方位均能看见时间。

马尾船政钟楼的建成，只比上海法租界工部局设立的公共钟楼晚了不到一年，在马尾船政发展史上发挥了重要作用。

福州近代民族企业诞生于 19 世纪 70 年代，到民国建立前夕取得初步发展，但由于资金不足，企业规模小、技术水平低，又受帝国主义、封建势力的欺压，一般都维持不长时间便消失。第一次世界大战期间，福州抵制日货运动十分活跃，国货备受推崇，使福州的近代民族企业有了些许的发展空间，出现了福电铁工厂和大中、广福兴、闽德兴等机器修造业，以及玻璃、精米、制冰、印刷、制皂等一批民族资本经营的小型企业。

福州电气股份有限公司办公楼，位于台江区新港道 4 号，建于 1915 年

其中最具代表性的是刘崇伟、刘崇伦兄弟及友人共同创办的福州电气股份有限公司。

1909年，林友庆创办福州耀华电灯公司，因经营亏损，面临倒闭，于1910年被刘崇伟、刘崇伦等8人集资承接，改名福州电气股份有限公司，设址南台新港，俗称新港发电所。随着业务发展，公司扩容，逐步添置进口发电机、锅炉及变压器等电力设备，增设排尾发电所。1948年7月16日，公司被民国政府资源委员会和台湾电力公司接管并合股经营，更名为福州电力股份有限公司。1949年8月17日由福州市军事管制委员会接管。1954年4月，社会主义改造期间改组为公私合营福州电厂。1958年1月，电厂作为单一的发电企业，改名福州发电厂。1978年成立福州市供电公司，次年改称福州供电局。1993年改名福州电业局，2013年7月更名为国网福建省电力有限公司福州供电公司。百年风雨兼程，福州电气股份有限公司实现华丽转身，如今蜕变成为具有中国特色、国际领先的能源互联网企业。

福州电气股份有限公司的发展历程可以说是福州近代工业企业成长的缩影。中华人民共和国成立前，福州的民营企业在夹缝中生存，朝不保夕，历尽艰辛。新中国诞生后，祖国的强大、社会的稳定为企业创造了良好的环境和机遇，企业得以发展壮大并更好地服务于国家建设、服务于民生。

办公楼是福州电气股份有限公司仅存的建筑，为2层混合结构西式建筑，由留日建筑师林天民设计。大楼坐南朝北，红砖砌筑，花岗岩勒脚。北立面中轴对称，左、中、右向前凸出，凸出的顶部均设有三角形山花。中间为2层高的门廊，前面立2对通高方形柱，侧面双向设梯，为进出办公楼通道。南立面不对称，平面呈L形，中部及两端都设有门廊。檐部有层次丰富但造型简洁的线脚装饰，北、西、东三立面在山花与墙体交接部位还设有一列等距方形孔，设计风格颇具工业气息。

福州电气股份有限公司办公楼是不可多得的近代电力工业遗存。2009年，该办公楼经加固及保护性修缮，被辟为福建电力博物馆使用，成为展示福建电力工业百年发展历程和成就，以及电力科普的教育基地。

第九章 华商商贸建筑

商贸建筑是指用于商业贸易活动（如商品的收购、销售、调运、储存和消费活动）的建筑，是为生产、消费服务的建筑空间。此前已经讲述帝国主义列强在福州开办的洋行、银行等商业建筑，这一章主要介绍福州近代西式华商商贸建筑，包括华商构筑的商品流通、消费的活动场所，也包括同行业、同乡组织机构所设立的场馆会所等。

福州商业的形成与发展和福州港口的历史变迁紧密关联。福州港古称东冶港，公元一世纪就有与东洋、南洋联系的交通航线。唐代成为国际贸易港，五代时重要性超过杭州、广州，宋代成为全国造船中心。明代郑和七次出使西洋，每次都在闽江口停泊，使福州与海外的交往和工商业都得到繁荣发展。明成化十年（1474 年），主管外贸和航海的福建市舶司从泉州迁至福州，福州港成为中国政府与琉球往来的唯一港口。清康熙五十九年（1720 年）准许国外商人成立公行的政令，使私人商业行馆遍布福州港。雍正七年（1729 年）全面开放海禁，海上贸易迅猛发展。到了五口通商时期，由于茶叶贸易的兴盛，福州一跃成为世界著名的茶港。

福州商业区的形成与港口距离远近关系密切。福州旧城南面的台江临近港口，水陆交通均发达。五口通商后，各地商贾在台江设立行业帮会，先后建成宁德、福安、闽清、古田等商会会馆。1905 年上杭街成立福州市商务总会，以协调福州各帮会之间的关系。至此，台江地区发展成为福州市的商业中心和全省物资集散地。

位于闽江南岸、与台江隔江相望的仓山区原本只是福州的食盐贮运中心，1685 年清政府在仓山中洲岛设海关，仓山地区的商贸活动才崭露头角。乾隆年间，下渡、观音井等地已形成街市，主要从事木材和食盐交易。开埠后仓山地区被外国势力占据，帝国主义侵略者在泛船浦至仓前山两千多米的江岸线上建有连片的商贸建筑及码头，从事进出口贸易、航运、邮电、金融、旅馆、西式餐饮和日用百货等生意。华商零星掺杂其间，但实力远不如洋商。

马尾区位于闽江下游北岸，距离福州市区约 15 公里。马尾依山邻水，江面开阔，水深土实，地势险要，历来就是我国的海防要塞和对外贸易的商港。1866 年，清政府在马尾设立马尾船政局，近代中国最大军工企业的创办带动了当地商品经济的进一步繁荣，马尾成为一个新兴的工业区和商业区。

而福州商业街市的形成又与城市的中心轴线关系紧密。由于当时交通不发达，人群都选择处于交通要道的城市中心轴线上聚居与活动，这就使得中心轴线上的商业密集又繁荣。福州有一条城市中轴线，它始于屏山脚下，而后经茶亭街、中亭街一路向南延伸到台江，再跨过万寿桥抵达仓山。在这条城市中轴及附近逐渐形成南后街、上下杭、台江路、中亭街等商业街市。

南后街是福州城内三坊七巷的中轴，它的东侧有七巷，西侧为三坊，这里聚集了福州的书香门第、官宦、商贾之家，它的商业带有浓郁的传统文化氛围。

双杭街位于闽江的北岸，是连接福州旧城区与仓山新区间的交通纽带。双杭街四通八达的巷道和众多的古河道渡口、码头及闽江内河三捷河组成得天独厚的便利交通网络，使商品物资可辐射全国、行销世界，双杭街成为福州重要的商业街市。

中亭街南起万寿桥桥头，北至小桥头，是进出福州城区的交通枢纽，还由于临近台江码头，方便货物运输，吸引商家们在街道两旁开设商店。1928 年，福州修建了一条从鼓楼前至大桥头约 15 米宽的水泥路，更促进了此地的商业繁荣发展。中亭街商铺经营的商品品种齐全，包罗万象，极大地方便了市民的生活。

台江路西起万寿桥与中亭街的交会处，沿江滨向东延伸至台江码头（今元洪城附近），全长约一公里。台江路地处闽江岸边，水陆交通发达，商铺林立。商铺不仅种类多，规模还大，除了土产、药材等传统商业，还涌现了百货商店、照相馆、影剧院等新兴的商业门类。

近代福州商业街市形成的同时，一大批具有西式风格的商贸建筑也应运而生。在外来建筑文化的影响下，本土建筑吸取了外来的建筑技术、

南后街店面局部创变

工艺材料、装饰元素等，形成三种形式的商贸建筑。其一是在传统建筑的局部引入西式做法，但总体样貌并没有改变；其二是建筑正面模仿西式造型，将西方不同时期、不同形式的建筑语言混杂在一起，而建筑内部仍保留中式传统布局、木构造及装饰等，形成折中主义风格；其三是学习西式建筑，并融汇福州传统建筑特色、工艺而产生的新式建筑。

南后街的商业建筑属于第一种类型。福州通商以后，南后街的一些商铺在西方建筑风尚的影响下局部产生创变，将砖石材料、西式拱券元素应用于传统建筑的门、窗等部位。

双杭街的商贸建筑属于第二种类型，这里集中了一大批华商商行、钱庄、会馆等商业建筑。这些建筑以 2、3 层为主，呈现出西式建筑立面与福州传统建筑平面布局、木结构及工艺结合的特征，被称作洋门脸建筑。这些商贸建筑门面不宽大，但进深却很深，一般都拥有四进院落，有的甚至达到五六进。平面布局为前店后宅或前店后库，每进院落间都设有高大厚重、富有福州特色的封火墙。

双杭街引人注目的近代西式风格华商商贸建筑有黄恒盛布行、德发京果行、咸康参号等。

黄恒盛布行坐南朝北，为 3 层混合结构建筑。该布行立面由浅色花岗岩条石砌成，北立面底层中间为入口大门，设哥特式尖券门，门楣上立“恒盛”石刻匾额。二层中央为巨大的圆形漏窗，以木框架与玻璃封闭，两旁各设一对爱奥尼亚式石柱，承托三层阳台。室内一层为敞厅，作销售场所，摆满营业柜台。二层是办公区域，中间留空，四周通廊，廊道上设有雕花护栏、扶手，顶部开玻璃天窗。

黄恒盛布行原为“林恒盛”染布行，由福州人林裕源创办。黄瞻鳌

黄恒盛布行，位于台江区上杭路217号，约建于19世纪60、70年代

13岁时入“林恒盛”染布行当学徒，学徒期满后转为店员。他待客热情，业务娴熟，眼光独到，能够把握市场风尚，甚得店主林裕源器重。不久黄瞻鳌主持布行行务，并与林裕源结为姻亲。1890年林裕源辞世，黄瞻鳌接管布行，将招牌更名为“黄恒盛”。布行经营染布业务，售卖高档布匹、绸缎纱罗等，是那时福州权贵及富有阶层女眷购买时髦衣料的首选商店，曾引领榕城服饰流行时尚。此外还经营当铺、酒库、菜馆、纸铺生意，开办汽车、煤矿、电灯、电话等公司，黄瞻鳌跻身福州富豪行列，被称作“百万富商”，成为当年福州商帮的代表。

1919年，在全国人民反帝爱国运动浪潮中，布行管理者、时任福州商会会长的黄瞻鸿（黄瞻鳌胞弟）不识时务，依然大量囤积日货。6月14日，当福州学生联合会代表前往调查时，黄瞻鸿竟雇佣暴徒殴打学生代表、刺死一名前来营救的工人，事后反而诬告是千余名土匪到布行抢劫。这就是著名的“黄案事件”，此事件又导致了更为严重的“闽案”（亦称“台江惨案”“台江事件”）的发生。接二连三的事件激起公愤，后经全国人民团结抗争才取得胜利。幸好黄氏族人及时从中吸取教训，悔过自新，并积极参与公益事业以回报社会。1958年6月，黄氏后人黄骏霖当选为福州市副市长，主持市民建工作，还被推选担任民建福州市分会和市工商联筹委、市民建专职秘书长、市政协副主席、市人大常委会副主任等职务。他兢兢业业，成绩斐然，受到各方好评。

近代福州许多建筑虽然采用西式门面，但仍然在大门门楣上悬挂传统中式匾额，一是书法艺术高雅，符合国人审美；二是匾额、楹联达意，客人容易心领神会。“恒盛”行名就是请时年85岁的陈宝琛题写的，此时他的书法炉火纯青，结体谨严端庄，笔道峻拔有力，给人美的视觉享受。同时，“恒盛”寓永恒、昌盛之意，也是店家最为期待的经营盛况。

2013年，黄恒盛布行作为“上下杭商号建筑群”的组成部分，被公布为福建省省级文物保护单位。

德发京果行坐北朝南，为2层砖木结构建筑。墙体为红砖砌筑，抹灰饰面。基础是混凝土仿石材勒脚，一层中央为方形大门，两旁设橱窗与拱门。二层中部为大幅面的玻璃门窗，上部设拱形玻璃窗，以增强房间的采光、通风。顶部为高出两旁女儿墙的三角形山花，女儿墙上设上平下弧的洞口，内有砖砌栏杆，整体形似露齿笑脸。正立面装饰3对竖向壁柱，给人挺拔之感。

德发京果行，位于台江区下杭路144号，建于20世纪初

19世纪末，莆田黄石镇一徐姓村民在台江区下杭路摆地摊售卖京果、杂货。他诚信经营，物美价廉，深得顾客满意。经多年积累资金，于1900年创办了德发京果行。徐老板坚守“明码实价，童叟无欺；备货齐全，敞开供应；适销对路，薄利多销；保退包换，诚信经营；热情待客，顾客至上”的信条，迅速发展为福州京果行的龙头老大，顾客也以德发京果行的货物为正宗。徐老板生意越做越发达，又在中亭街开“德余”、城内南街办“德康”和海防前（今延平路）设“德昌”三家分店，连同原有的“德发”合称“四德”，被誉为“京果水牛”。可惜徐家后代没

能光大家族企业，百年老字号逐渐衰微，于21世纪初退出商业舞台。

咸康参号坐南朝北，楼高3层，北立面底层中央为大门，设有罗马柱、西式拱券门洞。大门左右设有橱窗，安中式莲花图案铁质护网。二层以上立面用混凝土仿制石材，具有凹凸质感，效果逼真。室内水磨石地面镶嵌的铜条勾勒出中国传统吉祥图案，大厅花砖则从国外进口，花色具有异国情调。建筑底层厅堂为营业区域，左右两边设有楼梯通往二、三层。二层以上为仓储，二、三层中部留空，四面通廊，顶部设两面坡木

咸康参号，原为兴化人开办的药行，位于台江区下杭路219号，建于20世纪30年代

框玻璃天窗，营造出敞亮的天井效果。厅堂后面是住宅，为中式传统院落。整体布局有序，装修考究，气派豪华。

咸康参号是闽侯上街美岐村张桂荣、张桂丹兄弟经营的一家中药铺，当时与回春、四省、华来并称为福州四大药店。张桂荣早年在南街大生春中药店当学徒，掌握各种制药流程、工艺后入股该药行，赚取了人生第一桶金。1935年购得兴化人无力经营的药行，店名仍沿用“咸康参号”原招牌，从事中药材的批发与零售，并请名医坐诊，形成看病、处方、抓药、煎药、送药等一条龙服务。为了拓展业务，在台江汛（指台江路、江中路、江滨路一带，明、清府在此设汛检查防守，故名）设分行，此外还在香港设代办庄，经营进出口业务。张氏兄弟为人本分，讲究药材地道，故深得人心，生意兴隆。抗战胜利后由胞弟张震华和张桂荣之子张希珊接管家族企业，叔侄俩配合默契，业务发展更为兴旺。1956年公私合营，张震华先后任该行副主任、台江区政协委员、市工商联执委。张希珊历任台江区工商联主委、市食品进出口公司副经理、市工商联副主委、省政协委员。

2013年，咸康参号被公布为福建省省级文物保护单位。

与双杭街的商贸建筑一样，马尾船政官街也属于第二种类型，它是随着马尾船政局的创办而兴起的。当时马尾船政局为了解决农民被征地后家庭的生计问题，以及方便洋教习、洋匠与中国工人生活，在局厂以北辟出一条街道，道路两侧供村民设商铺，买卖日用蔬食。此街道被称为马尾船政官街。1930年一场大火烧毁了整条街，1931年重建，采取每隔5间建一道封火墙、厨房统一设在店铺隔墙之外等措施以绝火患。官街由于水运繁荣，商贸发达，曾有“小上海”之誉。

由于深受中国传统文化影响，会馆建筑多以传统建筑样式为主，个别会馆也仅为局部吸收外来元素而产生的创变，只有闽清会馆外立面西

马尾船政官街，位于江滨东大道船政文化城北段，由马尾前街、后街与联安支路街巷组成，总长度约 400 米。建于 1866 年，1931 年重建

化风格显著。

闽清会馆面向西南，为 3 座品字形鼎立的楼房，青砖为墙，石砌勒脚。正立面中部向前凸出，中间大门设长方形石门框，上嵌“梅邑会馆”横额。两侧边门设拱形石门框，左侧上嵌“护国”、右侧上嵌“佑民”匾额。顶部为镂空女儿墙，左右两端建筑顶部设西式人字形山花和女儿墙。进门为石制地坪，两旁为 3 层砖木结构楼房。厅堂、前廊立柱、吊柱等构造及装饰呈现中国传统建筑特色。会馆背立面则为福州封火墙式民居造型。

闽清会馆由闽清籍华侨募捐，黄乃裳主持修建。

黄乃裳（1849—1924），闽清乡贤、爱国侨领、同盟会会员、辛亥革命志士、教育家，曾担任福建省省长。甲午战败，他参与公车上书。戊戌变法时与六君子志同道合，践行资产阶级改良思想。变法失败，举家迁往新加坡，担任《星报》主编。1900 年率福州移民开垦马来西亚沙捞越州的诗巫，诗巫从此得名“新福州”。1906 年 6 月在新加坡结识孙中山并加入同盟会。同年 9 月 1 日，清政府废除科举，预备立宪，福建省成立咨议局，黄乃裳被推举为常驻议员。1910 年担任福州基督教青年会会长，捐资并主持建设福州青年会大楼。1911 年 11 月 9 日响应武昌首义，与同盟会成员率革命军协助起义部队，取得于山战役胜利，光复福州。

闽清会馆又称梅邑会馆，原址位于台江区帮洲街道后田新闽街 71 号，建于 1867 年。2005 年 6 月，会馆建筑构件经标记后拆除，依原样重建在台江区白马河畔的三保街 115-8 号

黄乃裳曾在闽清会馆讲学，宣扬爱国利民思想。福州光复，他欣然撰联“专制已摧大伸素抱，共和待建何得安居”，悬挂于闽清会馆内。为了纪念黄乃裳，更是为了策励后人，1947年5月13日，由民国福州市参议会决议通过，将南台三保万侯街更名为乃裳路。

1988年，闽清会馆被公布为台江区文物保护单位，内辟有“黄乃裳纪念馆”。

仓山区也分布有中西合璧的华商商贸建筑，但为数不多，规模不大，

沈绍安兰记脱胎漆器店，位于仓山区塔亭路53号，建于1922年

如沈绍安兰记脱胎漆器店、德兴银铺等。

沈绍安兰记脱胎漆器店由两座建筑组成，主楼坐南朝北，为3层砖木结构。墙体红砖砌筑，水泥砂浆饰面。北立面各层的门、窗均装饰有门套、窗套，它们上部形状互不相同，一层为拱形，二层为三角形，三层则为矩形。底层大门两旁设高大的橱窗，展示漆器精品。正立面二层以上装饰半圆形壁柱，中间开间建有阳台，设水泥栏杆，底部支撑弧形水泥构件。建筑内部空间为传统中式院落布局。

沈幼兰（1890—1964）是沈绍安兰记脱胎漆器店创始人，14岁到堂兄沈正恂的沈绍安恂记漆器店学艺。沈幼兰悟性强又好学，没多时即精通漆艺，被留任技工并兼做管理。1924年离开恂记漆器店，独自在仓前山梅坞顶成立沈绍安兰记脱胎漆器店，专营外侨生意。他重视产品质量，只有符合标准才盖上商号印记出售，因此深得顾客信赖。兰记脱胎漆器店发展势头迅猛，很快拓展为4家店号，还在鼓岭创办夏季临时营业部，向避暑的中外人士推销产品。兰记在上海、厦门设有分店，又在香港设分公司，另在新加坡、越南设立海外代理机构。兰记产品以轻、薄、精、巧及品种多样而超群绝伦，多次获得国际博览会大奖，成了福州脱胎漆器的代名词，代表着中国漆器的最高成就。福州脱胎漆器享誉盛名，与北京景泰蓝、江西景德镇瓷器并誉为“中国传统工艺三宝”，与角梳、纸伞合誉为“福州工艺三宝”。受1933年资本主义世界经济危机的影响，兰记脱胎漆器店外销锐减，生意萧条。新中国成立后，在当地政府的帮助下接到海外大笔订单，但苦于生产力量不足，于是主动向政府申请实行公私合营，并于1952年1月成立沈绍安兰记脱胎漆器公司，1956年转为国营福州第二脱胎漆器厂。进入21世纪，传统手工艺受到国家的重视和保护，面临新的机遇与挑战。2006年5月20日，福州脱胎漆器髹饰技艺入选国家级非物质文化遗产名录，福州脱胎漆器正迎来更为广阔的前景。

2013 年，沈绍安兰记脱胎漆器店被公布为福建省省级文物保护单位。

德兴银铺坐东向西，为单开间 3 层砖木结构西式风格。建筑红砖砌筑，外立面四角设壁柱，层间及檐口装饰叠涩线脚，屋顶环绕女儿墙。建筑原始功能不详，建成后不久被南屿林氏家族购买作为银铺使用。

2011 年 12 月，一位名叫兰迪 · 史密斯（Randy Smith）的美国教授在 7 日、12 日的《海峡都市报》上，连续刊登了他的父亲埃尔沃斯·史密斯（W.

德兴银铺，位于仓山区麦园路 29 号，建于 20 世纪初

Elsworth Smith）于 20 世纪 40 年代拍摄的一组福州老照片，希望借助这些老照片让福州的读者帮忙寻找位于“17 MeYuen Road，ChongSang Hill”，名为“The Daik Hing Silver Smith”的银器店。恰巧该银器店的后人林立青看到报道，当即与报社记者取得联系，让一场跨越大洋、挂念半个多世纪的夙愿得以实现。

1945 年，美国海军士兵、中美合作所成员埃尔沃斯·史密斯在福州仓山负责训练中国军队并监视日军动向。他在德兴银铺订制了三套西式餐具，精美的餐具令他爱不释手。埃尔沃斯·史密斯是个摄影迷，曾用相机记录了德兴银铺、餐具及标识，闲暇时还拍了数百张福州的城市风光。回国后他时刻想念在福州的日子，希望获得德兴银铺的消息。这些老照片成了兰迪·史密斯寻找德兴银铺的重要线索，也成了林立青对父亲和家族企业的念想，因为他的父亲林俊萱于 1950 年 6 月带着最后一批银器前往香港后再未回来，银铺亦随之关张。

台江路是近代新式华商商贸建筑集中建造的地区，这些建筑都为 3 至 5 层的钢筋混凝土结构。为顺应道路走向，都将街道转角处的建筑平面设计成圆弧形。其立面皆采用三段式设计，底层一段是商铺的门面，二至五层为中段，是建筑的主体部分。顶部为挑檐，上面是很高的女儿墙，用来协调横向三段的比例，形成主次分明、比例严谨的构图。立面还装饰壁柱、设阳台、顶部建山花等，呈现出西方古典建筑的处理手法。这些商贸建筑体量高大、结实坚固，符合商界追求财富、稳固发展的愿景和繁华热闹的商业氛围，是台江汛的标志性建筑。

下面讲述坐落于台江路解放大桥北桥头，处于显要位置的三座近代新式华商商贸建筑。

福州中国国货公司大楼高 5 层，装饰 3 层高的壁柱，柱头为复合式。

福州中国国货公司大楼，位于台江路15号，建于1931年

二至四层的壁柱中间设门窗，建有阳台。窗间墙粉饰白色砂浆，与清水红砖墙形成显著的色彩对比。四、五层之间设挑檐，五层之上是女儿墙，转角处建有弧形山花，上饰西式浮雕图案。

福州中国国货公司大楼系王梅惠（又名王增祺）房地产公司开发的项目，出售给方液仙创办的福州中国国货公司。

方液仙（1893—1940），浙江镇海人。1912年在沪独资创办中国化学工业社，成为中国化工业的先驱之一，被称作“化工大王”。“九一八”事变后，全国人民开展声势浩大的“提倡国货、抵制日货”运动，但如何区别洋货、国货，如何生产、销售国货，从而达到真正抵制日货的目的，成了中国实业家们必须面对与解决的问题。于是在 1932 年“九一八”周年纪念日，方液仙以自己创办的 9 家厂商，在南京路绮华公司举办九厂国货临时联合商场。接着于 1933 年 2 月联合 200 余家制造国货的工厂，在上海组成中国国货股份有限公司。又于 1937 年联合吴鼎昌等人在沪、宁、汉等 10 余个城市创办中国国货公司、中国国货联营公司等。通过在国内各大城市设立的这些公司，向国人推广国货，以抗衡日货，这不仅为弱小的民族工业厂商提供了销路，还推动了全国各地抵制洋货、振兴国货运动的良性发展。由于方液仙在国货运动中的作用和影响，他被社会各界誉为“国货大王”。抗战时期，方液仙支持中共上海党组织领导的益友社，并任名誉理事。1940 年拒任汪伪（汪精卫政权）实业部部长一职，同年 7 月 25 日遭汪伪特务绑架后杀害。

福州中国国货公司由官僚与私人（卢仲礼、方代椿等）资本联合承办，主要代销上海中国厂商的苏广百货产品。1949 年 10 月，福州市政府没收官僚资本部分股份，改称为公私合营国货公司，归福州贸易公司领导。1951 年 10 月，市政府按赎买政策全数退还私人持有的股份，改称福州市百货公司直属门市部。1956 年，市政府购买福州中国国货公司原址附近的店屋，改建后将门市部迁入，更名为福州市百货公司第一商店。1970 年该店划归台江百货公司管理，并于 1982 年更名为台江百货大楼。福州中国国货公司原址现经营酒店、皮草、茶叶、美食等多种生意。

福州中国国货公司大楼于 2010 年左右修复完成，成为台江汛唯一留存的近代华商商贸建筑。

云章百货公司大楼高 3 层，外墙粉饰水泥砂浆，立面设纵向条窗，装饰简单壁柱。壁柱及窗间墙为浅色，与深色的窗框对比鲜明，形成挺拔的竖向建筑构图。檐部为多层线脚与枭混曲线断面线脚结合，顶部设

云章百货公司大楼，位于台江路中国国货公司大楼东侧，建于1931年

半圆形山花。

云章百货公司大楼也是由王梅惠房地产公司建造的，罗勉侯购买用以兴办云章百货公司，主要经营百货、绸布，兼营鞋帽、南北土特产等。

经罗氏家族几代人创业，到罗金城、罗勉侯父子已是富甲闽都的商贾。罗金城（1843—1915）先后开设“恒和”、“升和”和“均和”三个钱庄，经营“罗坤记”进出口商行和“恒记”木行，以及“允孚”和“恒孚”两家当铺，生意盛极一时。罗金城热心公益，经常救急济贫，仗义疏财，社会声誉鹊起。罗氏家风严厉，子女多出仕，罗金城郑重告诫子女，为官当以勤政爱民为重。

罗勉侯（1884—1938）子承父业，在接管家族企业的同时，扩大经营范围，兼营木材、茶叶生意，创办当时福州最大、最高档的云章百货公司。他还同刘建庵组织“金融维持会”，建立“行秤制度”并推行“台伏票”，对发展福州地方经济、稳定繁荣市场起到积极作用。因在福州金融界和商界卓有建树，于1919年、1932年两度当选为福州商会会长。罗勉侯爱国反帝，组织商界人士声援和支持“五四运动”。抗日战争爆发，他组织商户捐款、慰问抗日军队等。1938年罗勉侯辞世，在战乱与天灾双重打压之下，罗氏后辈回天乏术，家族企业仅剩升和钱庄，由族兄弟共营，但仍每况愈下，于1949年福州解放前夕宣告停业。

2008年，云章百货公司大楼在台江路城市改造中被拆除。

南星澡堂高3层，底层立面水泥砂浆粉饰，二、三层为清水红砖墙。建筑立面饰有壁柱，挑檐接近1米，顶部弧形山花上有泥塑南星字样。澡堂一层和二层设男女浴池，三层为客房，并设有观景阳台。其中二层建有被称作“天池”的大浴池，注水后重达数百吨，从未发生开裂、渗漏现象，可见当时福州的建筑技术已达到很高的水平。

南星澡堂所处位置原是一片沙洲，1930年福建省建设厅厅长许显时为扩大台江地盘，方便民众生活而填江造地，东南银行经理吴南山、福星保险公司经理沈子敬等人中标创办了南星澡堂（店名系各取东南银行和福星保险公司名的第二字组成，寓双星高照、吉祥如意）。澡堂热水通过地下埋设的汤管，从水部引天然温泉至此。澡堂还附设擦背、修脚、按摩等服务项目。1933年国民政府主席林森曾莅临南星澡堂，对澡堂的设施、服务及经营盛况赞不绝口，当场挥笔题写了“志台沂泉”横幅相赠。郁达夫寓居青年会期间，常自带绍兴酒到南星澡堂沐浴，浴后都要在休息区自斟自饮，陶然自得。

抗日战争期间日机轰炸万寿桥，但投射不准，南星澡堂被误袭，损毁严重。澡堂福清籍职工施祥章牵线联系家乡华侨，筹集资金，重建澡堂，并于1940年年底复业。之后，南星澡堂又两次被国民党军队强行占作军需仓库，员工被迫下岗。1949年8月17日福州解放，澡堂恢复营业。1985年福州市政府拨款120万元进行扩建，1996年福州市服务公司又投资100万元进行全面升级改造，增加休闲设施和客房，店名也换成“南星澡堂旅社”。在业余生活单调的年代，南星澡堂因成为福州民众爽身洁体、放松身心的好去处而名噪一时。

南星澡堂也在2008年台江路城市改造中被拆除。

南星澡堂，位于台江区江一路2号（原门牌号），云章百货公司大楼南侧，1932年10月建成

第十章　私宅府邸

建筑是社会需求的产物，建筑风格深受时代风尚的影响。五口通商后福州出现了许多西式私宅府邸，这些建筑早期是由洋人建造的，后来是国人模仿西式建筑而营建的新式居所，以及民国时期福州籍华侨返乡时构筑的西式风格民居。这些私宅府邸的业主按身份可以分成以下几种，其一是早期进入福州的洋人，如驻福州领事、商人、传教士等；其二是福州的政界及教会人士，如林森、罗丰禄、萨镇冰、陈绍宽、林步瀛、叶见元、倪林和平等；其三是福州的商界精英、归国华侨，如蔡友兰、周学振、杨鸿斌等；其四是文化界人士，如陈宝琛、刘蕙愔、刘仰文、陈国清、许道经等。此外，还有曾经在此短暂或长期居住过的中国近代史上著名人物，如孙中山、叶圣陶、郁达夫、林徽因、陈岱孙、萧乾、陈遵统、黄展云、黄翼云、胡蝶等。

19世纪50年代至90年代，西式住宅主要满足洋人在福州活动的需要，集商务、政务办公与居住功能于一体。20世纪初至20年代，福州出现零星的仿造西式的国人私宅，而大量营建则发生于20世纪20年代至40年代。国人建筑的这些私宅府邸虽然是受社会风尚的影响，是对西式建筑的学习、仿造，但是在模仿中经过不断的取舍、改造，加上不同业主文化修养上的差异和本地工匠的理解、自由发挥及传统施工技术的综合影响、创变，使福州的私宅府邸呈现出西式建筑样貌又富有中国传统特色、业主个性化审美的中西合璧式特征。

早期的洋人住宅有闽海关税务司官邸。

闽海关税务司官邸坐北朝南，依山而建，为南立面 2 层、北立面 3 层的混合结构殖民式风格。建筑四面环廊，中央设过道，两侧对称分布房间。两层外廊均在转角处断开形成封闭空间，成为各房间独享的附属阳台。屋檐出挑尺度较大，外廊空间宽敞。外廊不发券，造型方正简洁。北向面江，底部架空为入户门厅，外设木框玻璃门。面江的开阔地建成花园，种植各种花草树木。

闽海关税务司官邸为税务司专用住宅，配有管事、车夫、花匠、看更等一众仆役。由于税务司掌握特权、享受高薪和各种福利优待，因此

闽海关税务司官邸，位于仓山区乐群路 12 号，1877 年始建，1926 年重建

职位竞争激烈，税务司岗位几乎每年更换人选，也使得税务司官邸的主人如走马灯般变换。

2019 年，闽海关税务司官邸经仓山区政府修复，作为闽海关历史文化展馆使用。

福州的近代建筑比较集中，主要分布在闽江南岸的仓山。而西式民居主要在仓山的麦园路、公园路、对湖路、乐群路、进步路、爱国路、岭后路和马厂街一带，其中以公园路和马厂街最为密集。

近代福州西式民居多为 2、3 层砖木结构，较传统建筑高大，重视通风、采光及卫生的要求，装饰也相当考究。楼内除了没有卫生间，其他设施一应俱全。这些住宅或单座，或多座，或联体，四周还建有围墙，形成封闭空间，并以庐、园、坊、馆、庄等命名。建筑外立面模仿西式风格，而内部布局、装饰一般仍保留中式传统，呈现出折中主义的建筑特色。

仓山区跑马场附近的公园路、复园路有冰心堂兄谢为霖投资开发的东山别墅群，由东山别墅、振庐、清河庐、修庐、颖庐、乐天山馆、竹园、筠圃等组成，这些建筑都具有红砖砌筑、毛石勒脚、中式叠涩的基本特征。此处地势较平坦开阔，建筑平面规整，具体分成两种类型住宅，一种是别墅，一般为 3 层砖木结构英式维多利亚风格建筑，屋顶为木桁架结构，四坡顶小青瓦屋面。别墅四周建有围墙，院内绿植成荫，环境优美，如东山别墅、振庐、清河庐、西林小筑等。一种是 3 层砖木结构的西式联排公寓，如竹园、筠圃、修庐等。

东山别墅主入口处是两层拱券外廊，外廊中间为半圆券，两旁为尖券。左右两端房间前突，三层作凹字形露台，围水泥栏杆。白色的栏杆、柱头、百叶窗与红砖墙形成醒目的色彩对比。

东山别墅初为福建师范大学所有，新中国成立后与仓山区岭后路陈

东山别墅，位于仓山区公园路 8 号，建于 1927 年

秀琛的“挹秀山庄”置换，现为陈氏家族后代私宅。

陈秀琛早年在香港经商，1922 年举家迁往福州仓前山岭后望耕里定居，后落户东山别墅。陈秀琛重视教育，子孙均为名医。其子陈国清毕业于北京协和医院内科班，获博士学位，历任上海妇孺医院、福建省协和医院内科主任，协和医院永泰分院负责人，省卫生防疫站站长、流行病研究所所长，福建中医学院副院长等职。其孙陈道中被福建医科大学聘为教授、博士生导师，历任福建医科大学附属协和医院心外科主任、福建省胸心外科研究所所长等职，为福建医科大学附属协和医院心血管外科创始人之一。其孙陈道亮任福建省中医药研究院研究员，是福州中西医结合方面的专家。他们为祖国的医疗卫生事业做出了重要的贡献。

2013 年，东山别墅被公布为仓山区不可移动文物登记点。

振庐是公园路面积最大的私宅府邸。振庐由两座别墅及院落组成，两座别墅正面皆为 5 开间，中央是带外廊的客厅。建筑两端为多边形突出的角楼，开不同大小的拱券及尖券窗。顶部中央有人字形山花装饰，形状似皇冠。两座别墅的区别在于入口处的台阶，一座设双合式台阶，另一座为直上式台阶。

振庐为福泰和汇兑庄老板、新加坡华侨周学振私宅。

振庐别墅之一，位于仓山区公园路 10 号，建于 1928 年左右

福泰和主营侨汇和侨批业务，为在南洋各地的华侨与福州家人间相互汇款、兑换货币及民信往来等服务，是福州第一家民族金融机构。经过周氏家族多年苦心经营，1936 年福泰和成为福州业务最多、经营最好的侨汇庄。1945 年至 1949 年，福泰和在新加坡设有分局，是新加坡著名的闽帮信局之一。福泰和还在南洋投资橡胶和制糖业，参与当地的经济开发与建设。

书信在广东潮汕、梅县，福建闽南及福州一带称为“批”，俗称“侨批”“番批”“银信”。“侨批”往往附带汇款数额，兼具家书、汇款功能，是一种信、汇合一的特殊邮传载体。留存至今的大量“侨批”反映了清末至中华人民共和国成立后侨乡与侨居地的联系情况，见证了中国与世界其他地区之间的交流和经贸往来，具有鲜明的时代特征、重要的历史文物及研究价值。2013 年 6 月 19 日，“侨批档案”成功入选“世界记忆名录”。

清河庐面向东南，右端向前突出呈弧形。首层不设壁柱，正中立一对圆形砖柱，为底层通道。入户台阶位于左侧，二层有小平台，设水泥护栏。二、三层装饰壁柱，弧形角楼为半圆壁柱，主体建筑为方形壁柱，壁柱间开拱券窗。三层中部为弧形观景阳台，设曲线造型铁艺栏杆。

1961 年，福清籍印尼侨领俞昌檀遗孀李明月购买了清河庐并在此居住。

俞昌檀（1892—1957）出生于福清融城西园村，年少时就边读书边帮助父亲务农及协助打理生意。13 岁时父亲去世，与长兄共担家庭生计。他少年有为，诚实守信，管理有方，年纪轻轻便成为当时福清县城众人皆知的商界人物。1918 年独自到印度尼西亚谋发展，因勤劳朴实又精明能干，经营的公司日益扩展，成为印尼富甲一方的融籍著名侨商。抗日战争期间积极响应爱国华侨领袖陈嘉庚的倡议，在印尼带头发动侨胞捐献飞机等军

清河庐，位于仓山区复园路 4 号，建于 20 世纪 20 年代

需物资，还支持其长子俞兆斌赴西安参加八路军。中华人民共和国成立后，俞昌檀欣然回国，将从国外带回的资金全部用于家乡建设，受到故乡乡亲的拥戴，被推选为福建省人民代表，并担任福建省政协委员。

俞昌檀挂念家乡的教育事业，逝世后他的遗孀李明月继承他的遗志，于 1958 年捐资 30 万元人民币在福清创建昌檀中学（20 世纪 70 年代改为福清师范专科学校，1983 年更名为福建师范大学福清分校）。他的女儿俞华贞女士亦捐资兴建了西园小学教学楼、福清华侨中学昌檀楼、福建师范大学福清分校昌檀图书馆等。

西林小筑，位于仓山区公园路 4 号，约建于 20 世纪 20 年代

西林小筑由两座建筑组成，其中一座早年遭火灾，现仅存门楼，上有北洋政府总理孙宝琦题写的“西林小筑”石制匾额。新中国成立后留存的建筑先后为福建省手工业管理局、福建省工艺美术研究所、福州电力器件厂等使用。21 世纪 10 年代被人租用，经营休闲咖啡吧，是当时游客觅故怀旧及文艺青年聚会活动的知名会所。2020 年咖啡吧租约到期，该建筑被收回进行整体修缮，拆除乱搭盖的附设建筑，恢复原始风貌。

2013 年，西林小筑被公布为仓山区不可移动文物登记点。

筠圃，位于仓山区竹园里 6 号，建于 20 世纪 20、30 年代

陈绍宽（1889—1969），福州人，毕业于南京江南水师学堂，1919 年为我国出席巴黎和会的海军代表。曾任国民政府海军部长、海军总司令，国民党中央执行委员会委员。1945 年以海军总司令身份代表中国海军在密苏里舰接受日军投降。新中国成立后历任华东军政委员会委员，福建省副省长、省政协副主席，民革中央副主席等职

筠圃坐北朝南，高 3 层，面阔 7 开间，进深 3 开间，占地面积约 450 平方米。筠圃外立面仅作壁柱和檐口叠涩线脚装饰，建筑造型简洁，棱角分明，方正大气，与业主陈绍宽为人处世风格如出一辙。

陈绍宽一生为振兴中国海军不懈努力，时刻不忘海军的人才培养，即使在抗战动荡的岁月里，仍选派学生赴英美等国学习，培养了一批掌握现代舰船制造、驾驶技术的海军人才。他清楚航母、潜艇对于现代战争的重要性，详细拟订了《中国新海军建设大纲》以及发展航母计划。虽然他的宏伟蓝图屡次被民国政府否决，但他从不气馁。1946年6月，蒋介石大举进攻解放区，全面内战爆发。他敢于抗拒命令，拒绝率舰队参加内战，并通电全国表明拥护中国共产党的立场，被恼怒的蒋介石免去海军司令一职。1949年，国民党在福州召集残兵败将，宋美龄亲自到胪雷村力邀他同去台湾，遭到严词拒绝。新中国成立，陈绍宽已年过花甲，还是尽心尽力为国家的社会主义建设事业做出可贵的贡献。

竹园位于筠圃南面，主体建筑3层，附属建筑2层。主体建筑两端建有突出的弧形角楼，柱廊不发券，立柱由红砖砌就，柱头造型是水泥

竹园，位于仓山区竹园里8号，约建于20世纪20年代

砂浆粉刷而成的。建筑立面多种风格杂糅，局部装饰民族传统灰塑图案，整体形象新奇华丽。

竹园原为民国海军总司令、福建省政府主席萨镇冰的房产，现为福建警察学院教工宿舍和民居。

萨镇冰的女婿陈兆汉是陈绍宽的叔叔，通过叔叔，陈绍宽认识了萨镇冰，并成为忘年之交。在萨镇冰的影响与鼓励下，少年陈绍宽就树立了成为一名海军战士的志向。陈绍宽卸职归故里，此时萨镇冰住在三坊七巷，胪雷村与之相距甚远。为了方便交往，两家商量决定在仓山分别购买仅一巷之隔的竹园与[illegible]圃的房产，作为夏天避暑和两家聚会时的场所。

竹园与[illegible]圃见证了两位中国近代著名海军将领的深厚友谊。

修庐高 3 层，面阔 8 开间，进深 4 开间，占地面积约 550 平方米。红砖围墙，前后设庭院，院门上方有泥塑“修庐”匾额。建筑一层设拱门，二层为列柱外廊，三层上部在壁柱间作拱形，形成优美的弧线起伏。每个开间的底楼均设有室内楼梯，右侧边套还建有 L 形室外台阶。

修庐每开间一单元，占有独立的纵向三层空间，曾入住过福州知名人士陈伯流。

陈伯流毕业于鹤龄英华书院，后入燕京大学（今北京大学）学习，学生时代就投身爱国革命活动，成为中共地下党员。留学日本时与章振乾、傅家麟共同组织“马列主义读书会”，积极寻求中华民族生存与发展道路。1941 年底加入上海沦陷区工商界秘密组织的“中国经济研究会”学术团体，为祖国孱弱的经济事业出谋献策。1950 年 7 月做私营金融业领军人物周作民思想工作，并促其回到祖国怀抱，使其在国家私营金融企业的改造中发挥了重要作用。陈伯流还担任过香港金城银行经理、华侨大学校董、福州十邑同乡会名誉会长等职。

修庐，位于仓山区东山里 1-8 号，建于 1927 年

1563 年，戚继光来福州剿灭倭寇时曾驻扎在桃花山，戚家军沿桃花山脚的一条通道搭马厩养马，马厂街由此得名。马厂街长约 450 米，弯弯绕绕，四面通达，周边环境优美，旋踵即景。20 世纪 20 年代，民族资本家、侨商、归国华侨等看中这里的商业环境和近代西式生活氛围，纷纷到此购地建房，很快形成密集的马厂街私家别墅群，有可园、梦园、以园、硕园、拓庐、忠庐、鼎庐、爱庐等。这些西式风格民居建筑大多由红砖砌筑，仅忠庐采用青砖外墙。

20 世纪 20 年代初期，时任三都澳福海关关长的叶嘉亨在马厂街购得一块大地皮，恰巧他的哥哥叶见元一家从南洋迁回福州，叶嘉亨就让出一半土地给哥哥，兄弟俩一同造屋，建成梦园与以园两座别墅，它们一南一北、首尾相连地处于马厂街往康山里方向的地块上。

梦园坐北朝南，东侧主体建筑3层，面阔3间，屋顶采用中国传统歇山式。西侧为4层不规则角楼，设平屋顶。院落前门、后门上分别嵌石刻“梦园”“梦园别径”匾额，入户台阶南立面嵌石刻“梦梯”，落款有别墅建造时间。

梦园主人叶见元是马来西亚婆罗洲华侨，早年跟随著名革命党人黄乃裳到南洋开垦“新福州”，归国后追随孙中山，成为同盟会会员并参加辛亥革命。出版有《福声》《鸽喙》《福州侨务公报》等进步刊物，并将梦园作为出版地点和革命联络据点。1928年任福建侨务委员会福州办事处主任，同年7月1日在梦园举办福建省侨务委员会旅省名誉咨议会第一次讨论会，此后又多次安排在

梦园，位于仓山区康山里13号，建于1926年4月

此举行民国福建侨务、政务系统的会议。叶见元一生致力于革命、慈善及教育事业，他襟怀坦荡，为家乡人民称颂。

梦梯、梦园、梦园别径，将家园的命名与梦想关联，表达了叶见元在革命动荡年代期望中国社会往好的方向发展，能够美梦成真，反映了他坚信通过民主革命可以实现祖国美好未来的爱国主义思想。

以园在梦园的南端，高 2 层，占地面积约 400 平方米。右侧为突出的多边形角楼。左侧 5 开间，一层为拱券外廊。屋顶采用中国传统歇山式，上面并排 3 个老虎窗，老虎窗屋面为中国传统的翘角飞檐，轻盈别致。

别墅的命名源自《圣经·创世纪》中亚伯拉罕将自己最爱的儿子以

以园，位于仓山区康山里 12 号，建于 20 世纪 20 年代

撒献为燔祭的典故。以园建成后大部分时间用来出租，租户中有朱剑鸣一家，他们在以园居住了 20 余年。

朱剑鸣（1889—1976），福建建瓯人，1911 年在建安县领导革命工作，为和平光复建宁、建瓯两县做出贡献。1912 年远赴新加坡，在同盟会的机关报《光华日报》任编辑，宣传辛亥革命和孙中山的三民主义革命思想。1916 年转任《民国日报》编辑，与福建早期的同盟会会员、革命党人刘通、黄展云等人成为挚友。1917 年孙中山在广州发起护法运动，朱剑鸣加入闽籍革命党人方声涛部队，任上尉军需官。1933 年 11 月 20 日，国民党十九路军将领蔡廷锴、蒋光鼐等发动“福建事变”，宣布抗日反蒋，并在福州成立中华共和国人民革命政府（通称福建人民政府），朱剑鸣献身于政府工作。新中国成立后，朱剑鸣被聘为福建省文史研究馆馆员，继续发挥余热。

可园位于以园斜对面，带有独立的院落，由两座建筑组成。两座建筑均坐北朝南，皆为砖木结构公寓楼。其中西侧楼为左右两端头 3 层、中间 2 层建筑，东侧楼则为 3 层楼房。两座公寓底层都设有拱券外廊，每开间相邻处的外廊封闭，形成一开间一单元，每单元拥有独立的纵向 2 层或 3 层房间。公寓的东侧院墙设大门和边门，大门为花岗岩门框，上有泥塑“可园”匾额。

可园因林徽因而声名远播。

1928 年 3 月，林徽因与梁思成在加拿大成婚，同年 8 月夫妻两人回国，受聘于东北大学建筑系，林徽因任职前独自返榕探母。可能因为常年在美国留学的经历，习惯于西式的生活，抑或生机盎然的清幽环境和浓郁的现代人文气息吸引了她，林徽因选择在可园居住了一小段时间。在此期间，林徽因拜会了私立福建法政专门学校的同人，应邀到乌石山第一中学做了

可园，位于仓山区康山里 5 号，约建于 1928 年

林徽因（1904—1955），福州人，中国著名女作家、建筑师。常在文学作品中表达关心祖国前途命运的真情实感，对京派文学产生一定影响。曾参与中华人民共和国国徽和人民英雄纪念碑的设计工作。在战火纷飞的年代，与丈夫梁思成不畏艰辛共同考察研究中国古代建筑，成为这个领域的开拓者，并对全国重要文物古迹的保护做出杰出贡献。1949 年任清华大学教授，有《林徽因文集》行世

题为“建筑与文学”的讲演，前往仓前山英华中学做了名为“园林建筑艺术”的讲座。闲暇时还与亲友执手叙旧、与好友徜徉于马厂街的蜿蜒小径，林徽因在此度过了短暂却快乐的时光。

光阴荏苒，如今可园没有了当年的光华，但林徽因留下的芳踪仍令许多怀有倾慕之情的人流连忘返、探古寻幽。

忠庐坐北朝南，为3层砖木结构的西式别墅。院墙由红砖砌就，院门为中式门楼造型，设双开木板门，泥作匾额上书“忠庐”。主体建筑青砖砌筑，一层为拱券外廊，南立面中轴对称，两端房间向前凸出。东、

忠庐，位于仓山区马厂街11号，建于1932年

西立面中部各建一座带有露台的角楼，山墙上有两组对称的壁炉烟囱。建筑东南角墙基处的转角隅石上铭刻建设时间，分别为“中华民国廿一年”和“1932”。

受近代福州众多仁人志士的鼓舞和影响，业主许世光决定出洋留学，立志掌握西方先进科学文化以报效祖国。许世光的父亲许则忠非常赞同他的选择，并全力资助他，直至学成返乡。为不忘父亲的养育之恩，建成后的房子便以父亲的名字来命名。

许世光早年留美，后到日本攻读会计学，归国后出任当时福州首富“电光刘”家族企业的总会计师。许世光教育有方，后代人才辈出。其中长子许道经毕业于英国爱丁堡大学（The University of Edinburgh），获博士学位，历任台湾新竹交通大学机械系主任、英国阿斯顿大学（Aston University）教授。许道经深谙祖国传统文化，著有《京戏三昧》《戏剧杂谈》《中文文法理论》等书籍。二女许引明获美国密歇根大学（University of Michigan）生物学博士学位，历任福建华南女子文理学院教授、生物系主任、代院长、教导主任。1947年赴美，任内布拉斯加卫斯理公会大学（Nebraska Wesleyan University）教授。

忠庐建成初期，孙中山的机要秘书黄展云及家眷租住于此，后有私立毓英女子初级中学校长李淑仁入住。20世纪60年代起，宋美龄的英文秘书吴素真及其亲属也在此居住了20多年之久。

2008年，忠庐被公布为福州市二级优秀近现代建筑，2013年被公布为登记级文物保护单位。

仓山麦园路、对湖路、程埔路、象山里、乐群路、进步路、爱国路、槐荫里、梅坞路的私宅府邸虽然没有公园路、马厂街那么密集，但就像散落于草丛中的明珠，总能在不经意间跃入眼帘。

林森公馆，位于仓山区程埔路七星巷2号，建于20世纪20年代

林森公馆坐西向东，为3层砖木结构中西合璧式建筑。院门朝向东南，院墙及公馆皆青砖筑成。院门两侧是八字影壁，中间为拱券门，拱券门外墙面为砖拱中心放射并水平延伸形成的多条装饰线脚。公馆分为主楼与副楼，主楼在南侧，一层为带有6根圆形砖柱的外廊，中间设大厅，左右为厢房。副楼每层仅有1个房间，主、副楼间有走廊相连。主楼采用传统歇山式屋面，副楼则为西式四面坡屋顶，中西组合，相映成趣。

1884年林森就读于鹤岭英华书院，因带头反对学校规定的学生必须参加宗教集会、“圣经”为必修课等条例，以及在校内进行反清宣传活动，

林森（1868—1943），原名林天波，字长仁，号子超，福州人。曾任福建省省长、国民党中央执行委员、国民政府立法院副院长、国民政府主席。1979 年，被中共中央认为是“著名的老一辈民主革命家”

于 1888 年被美学监开除。1890 年入台湾巡抚刘铭传创办的电报学堂学习，毕业后在台北电报局工作。甲午惨败后，参加刘永福领导的反割让台湾运动组织，于台北、台南等地进行反日斗争。1902 年供职于上海江海关，组织旅沪闽籍知识分子参与镇江起义并攻下江宁（南京）。1905 年加入中国同盟会，开始追随孙中山的反清革命生涯。同时派人在福州创办阅报社，宣传民主革命；编写《闽警》一书，揭露日本对福建的侵略野心。辛亥革命中领导九江起义，策动清朝海军“海筹”等军舰起义。1937 年日本发动侵华战争，林森作为国府主席主张对日宣战，号召“全民奋起，全力抵抗”，并手书“抗战必胜”激励全国军民。

林森一生经历丰富，坎坷复杂，但爱国之心矢志不渝。他为官清廉，克己复礼，不慕名利；重视教育，崇善民主与法治精神，为我国的民主革命做出重大贡献。

林森公馆是尚干家乡的乡民集资建造的，2009 年被公布为福建省省级文物保护单位，如今成为林森纪念馆和仓山区图书馆绘本分馆。

槐荫里的许陈氏故居、许陈氏医馆闻名遐迩。

许陈氏故居坐北朝南，为 3 层砖木结构英式维多利亚时期风格建筑。入户石阶由东向西靠墙设置，石阶侧面是底层房间通道。西侧为突出的

许陈氏故居，位于仓山区槐荫里4号，约建于20世纪20、30年代

多边形角楼，一层窗户设木栅栏，二、三层窗楣装饰叠涩线脚。东侧一、二层为拱券外廊，三层设拱窗。

业主许陈氏（1871—1938），即陈葵花，又名陈爱玉，是福州马高爱医院培养的首届女西医。1891年，许陈氏毕业后即开设医馆行医，比她丈夫的堂姐许金訇更早从事医务工作。她悬壶济世，乐善好施，深受民众特别是闽江船民赞颂，被人们尊称为“先生姆”（福州话，对女医生的敬称）。许陈氏从医44年，是当时仓山家喻户晓的妇产科医师。

1932年至1942年，中共福州地区地下党在槐荫里4号秘密设置发报

许陈氏医馆，位于仓山区槐荫里5号，约建于20世纪20、30年代

电台。1936年2月，潘有声、胡蝶夫妇与亲友曾在楼前合影留念。太平洋战争爆发后作为反法西斯同盟军驻福州地区联络处。2015年，以“中共福州地下电台旧址”的名称被公布为仓山区不可移动文物登记点。

许陈氏医馆坐西朝东，为3层砖木结构现代主义风格。建筑平面呈品字形布局，北侧角楼前端为弧形。东立面靠墙石阶由南往北拾级而上，石阶侧面布设底层通道。外立面抹灰，处理成拉毛与光面两种，色调也略有区别，形成横向条状装饰。南立面屋檐下有一泥塑狮子，形象生动。

1936年2月，许陈氏义子潘有声与胡蝶婚后回福州省亲时入住此处。

时值元宵，仓山喜庆祥和，烟台山又是福州最时尚的经济文化生活中心，令胡蝶感到既亲切又新鲜，欣喜之情溢于言表。胡蝶入乡随俗，梳髻插簪，手撑福州花纸伞，与潘有声卿卿我我，漫步于仓山的曲折小巷，在斑驳的树影里留下许多妩媚的瞬间。中国电影皇后的到来令福州的媒体记者、影迷及各界要员欣喜若狂，纷纷守候采访、跟踪拍摄或直接登门邀约，那段时间槐荫里车来车往，人头攒动，热闹非凡。

无逸山庄院门两侧墙壁呈八字形，弧形墙帽端庄秀美，院门上方设“无逸山庄”泥塑匾额。山庄由主楼与副楼组成，皆为2层砖木结构英式风格

无逸山庄，位于仓山区三一弄7、8号，建于1927年

建筑。底层均架空，架空层外饰毛石。主楼右侧有凸出的多边形角楼，玲珑有致。一层为带有圆形砖柱的拱券外廊，二层开拱窗，立面以壁柱装饰，层次分明。

无逸山庄现产权归属于仓山区教育局及刘氏家族。

刘氏家族乃教育世家，创造了福州市教育史上许多个第一。1927 年，业主刘仰文在仓前山创办了福州第一所专门接收贫穷学子的新式学校——双江中级补习所，他独创的教学法和教材帮助许多寒门子弟在短时间内完成中学学业，并顺利升入大学，成为福建民间补习学校的第一品牌。1956 年，双江中级补习所改制为公立福州第十七中学，刘仰文任副校长，学校迁址台江区后洲街道。1984 年，他的长女、中国人民大学退休教师刘美珍参与复办福建华南女子文理学院，但苦于没有办学场所，刘仰文毅然捐出双江中级补习所旧址，资助她办起了中华人民共和国成立后的第一所私立女子大学——福建华南女子职业学院。在时任福州市委书记习近平的关心与支持下，刘美珍又创办了首山华南优教所、华南幼儿园、华南小学、华南中学。刘美珍年近 90 岁才退出教育第一线，由她的儿子接力刘氏家族教育事业。刘美珍的孙女亦从京城回闽，助力华南系列学校办学事务。1989 年 12 月 6 日，刘氏家族实至名归，荣膺全国首届“优秀教育世家”称号。

玉林山馆坐西向东，为 2 层砖木结构西式风格。建筑平面由两个矩形组合成 L 形，西立面与南立面有木制外廊相连接。外墙红砖砌筑，窗楣及楼层、屋檐处作叠涩线脚装饰。山馆内辟有一口水井，圆形井圈外壁阴刻“玉林山馆”，字形遒劲有力。玉林山馆位于烟台山梅坞路半山腰处，顺着蜿蜒的马路，可以观赏它不同方位的身姿。

玉林山馆由倪文修创建，其妻倪林和平继承房产，1948 年被他们长

玉林山馆，位于仓山区梅坞路20号，约建于民国初期

子倪柝声舍为教会产业。

倪林和平（1880—1950）家境贫寒，出生不久即被送人当养女。她与养父母在英华书院创办人张鹤龄的倡议下受洗加入基督教。倪林和平毕业于毓英女子初级中学，17岁去美国学医前为提高英文水平而进入上海中西女塾学习，与宋霭龄成为同班同学。1911年积极投身辛亥革命运动，到处宣传民主共和思想，并带头捐献财物，获得民国政府颁发的二等勋章。1912年4月受闽政府都督孙道仁邀请，陪同孙中山与宋庆龄在闽期间的活动。1920年2月开始传教，并从事慈善事业，著有《恩爱标本——倪

林和平自传》。

林步瀛故居面向东北，为3层砖木结构别墅。东北立面左侧、西南立面的中部建有突出的不同造型的角楼。西南立面中部角楼起到遮挡西晒、回风护气的作用，能使房间通风凉爽。每扇门窗外面还安装可开关的铁皮门窗，以防周边密集的木结构民居火患波及。别墅既美观又实用，体现了设计师的聪明才智。

别墅由福州近代早期基督徒、西医林叨安创建，现为林叨安之子林步瀛后代产业。

林步瀛故居，位于仓山区居安里7号，建于1927年

林叨安早年跟随英国领事馆馆医连尼学医，是塔亭医院第一位华人西医。当年林叨安治好了林缉西的肺痨，两人遂成为好友，林缉西为林叨安倾情设计了本座别墅。

林步瀛（1900—1981）名义上是民国时期最后一任福建省邮政管理局局长。当时邮政、海关、盐务名声好、薪水高，是求职者梦寐以求的职业。但邮政员工都要从最底层的拣信工作做起，而且经常在三更半夜被临时通知加班，工作很辛苦。林步瀛家境优渥，娇生惯养，难以承受高强度的工作，曾几次打报告请辞，均被惜才的上司挽留。后来从最基层员工一路晋升，直至台湾邮政管理局局长。1949 年，国民党任命林步瀛为福建省邮政管理局局长，但赴任前被要求先完成台湾邮政与电报系统派分事宜。然而工作尚未结束福州就已解放，福建邮政管理局局长的委任状成了一纸空文。

2015 年，林步瀛故居以“邮政司官邸”的名称被公布为仓山区区级文物保护单位。

上下杭商贸历史悠久，福州开埠后更成为福州地区华商最集中、传统商业最发达的地区，聚集了茶叶、药材、绸布、京果、钱庄等数十个行业，如今被誉为“福州传统商业博物馆”。上下杭寸土寸金，建筑以商贸建筑为主，但在密集的商贸建筑群中，却隐藏着一座规模壮观、中西合璧的民居建筑——采峰别墅。

采峰别墅为 2 层混合结构中西合璧式建筑，占地面积 2000 多平方米。大门为西式拱券门，设在上杭路上。进入大门是一条长约 60 米、宽约 5 米石板铺就的上坡甬道。甬道尽头又一道拱门，穿过拱门、西式造型牌坊、月亮门即见主体建筑。别墅坐北朝南，青砖外墙，花岗石勒脚。砌墙用砖专门订制，上有“采峰”字样。首层架空约 1 米，入口处设如意踏跺。建筑左右对称，中间设通道，东西两侧为突出的多边形角楼。楼层处装饰中

采峰别墅，位于台江区上杭路122号，建于1920年

国传统回纹图案。由于大量采用钢筋、水泥、“工”字钢等材料，建筑跨度、出挑尺度很大。宽敞的大厅开有多扇玻璃门窗，与天井一道增进室内采光。二层楼面为木板，北、东、西三面设通廊。门窗造型采用了半圆形拱券、伊斯兰尖形拱券等多种样式，门窗上装饰中国传统及西式几何图案。别墅内有鱼池、假山、石径、凉亭等，富有中华传统文化韵致。

别墅选址秉承中国传统风水观念，坐落彩气山，背靠乌石山，面向烟台山，左边是鼓山，右面为旗山，意即采五峰之灵气，故取名采峰别墅。

业主杨鸿斌（1884—1974），福州市台江区浦西长汀村人，少时家境贫寒，19 岁时远涉重洋，赴马来西亚槟城谋生。因聪明好学又吃苦耐劳，做事得力，深得老板信任并扶持他创办公司。经艰苦拼搏，杨鸿斌成为槟城商界巨擘。他虽身居海外却不忘桑梓，在福州创立慈善社，委托家属代理慈善事业。1926 年冬，军阀张毅在闽侯瓜山一带烧杀抢掠，村落皆被夷为废墟。杨鸿斌积极响应时任福建省省长萨镇冰的号召，全力筹资为灾民建房、辟南通路及建苏州桥。1946 年福州洪水泛滥，居民灾难深重，杨鸿斌帮助灾后水利修复、灾民家园重建。杨鸿斌一生执守“义利相合，勇担道义”的闽商精神，受到家乡百姓铭记。

2009 年，采峰别墅被公布为福建省省级文物保护单位。2022 年，福州名城保护开发有限公司与广东方所文化投资发展有限公司合作，将采峰别墅开发建设为具有上下杭文化特色的艺文空间。

鼓岭距离福州市区约 13 公里，位于福州东郊双鼓横断山脉，平均海拔 750 ～ 800 米。鼓岭像一道屏障将风截留，形成岭上夏季凉爽的气候。鼓岭曾与江西庐山牯岭、浙江莫干山、河南鸡公山齐名，是我国著名的天然避暑胜地之一。

1885 年仲夏，美国牧师伍丁（S. F. Woodin）被请去连江给一位病人实施急诊，为了节约时间，也为了躲避酷暑，他从鼓岭抄小道前往。由于海拔和风向的原因，鼓岭气温比福州市区要低 5 ～ 8℃，十分凉爽。回到福州后伍丁将信息告诉他的传教士朋友们，次年英国领事馆馆医连尼便在鼓岭盖起了第一座别墅，消息传开，吸引了越来越多的洋人到此修建别墅。他们不仅来自福州周边，还有厦门、汕头等沿海各地。最鼎盛时期，鼓岭拥有 20 多个国家的外国人建造的 300 多座别墅，避暑的洋人达到 500 多人。他们每年的端午节左右上山，中秋节后下山，在此避暑度假、洽谈生意，开展各种文体活动。鼓岭成了一个集工作、生活和休闲娱乐为一体的洋人夏季避暑度假区。

鼓岭别墅均采用毛石砌筑，一方面是鼓岭山地多石块，方便就地取材；另一方面是福州夏季台风多，石头建筑能够抵御台风。洋人还在别墅周围遍植柳杉，在高大林木的遮掩下更为阴凉，环境更显优美。不过鼓岭别墅均属避暑暂住性质，多为单层小屋，施工技术较为粗糙，且后期缺乏维护，今大多成了废墟。1992 年，时任福州市委书记习近平邀请加德纳夫人来鼓岭，令尘封多年的中美鼓岭民间友谊往事被发掘，鼓岭别墅重新引发世人关注。

美国人加德纳晚年得了失忆症，但对儿时生活过的中国“KULING”念念不忘，在弥留之际仍一直念叨“KULING”。加德纳夫人渴望揭开“KULING”之谜，恰巧一位名叫钟翰的中国留学生租住在她家，他通过加德纳的遗物——一张贴了 11 张晚清邮票且邮戳俱全的练习纸，辨认出上面的“KULING”就是中国福州的鼓岭。加德纳夫人喜出望外，决定赴鼓岭完成丈夫重回儿时故地的遗愿。钟翰被加德纳夫妇真挚的情愫所感动，写了《啊，鼓岭！》的文章发表于 1992 年 4 月 8 日的《人民日报》上，刚好被习近平书记看到，他主动向加德纳夫人发出邀请。1992 年 8 月 21 日，加德纳夫人应邀来到福州，习书记亲自接待并安排加德纳夫人游览鼓岭、与加德纳儿时伙伴见面叙旧等活动。临别，加德纳夫人动情地说：“隔了这么多年，是什么把我们联系在一起，是人的感情，是对故地的思念，所以我说，我的丈夫是纯美国血统的中国人……”，肺腑之言令在场所有人动容。

真实的故事，真挚的情感，中美鼓岭民间友谊往事再次见证了福州“海纳百川，有容乃大”的多元文化精神和博大开放的胸怀。

接下来介绍几座经维护保存良好，已开发成新用途的鼓岭别墅。

倪柝声别墅，现为加德纳展示馆，位于晋安区鼓岭宜夏村梁厝115号，建于19世纪末至20世纪初

倪柝声别墅坐北朝南，单层，占地面积约160平方米。乱毛石砌筑，木檐柱外廊，木桁架屋顶，小青瓦屋面。安木百叶及实木双重门窗，室内铺设木地板。房屋虽简陋，但很实用。

该别墅原为福建协和大学庄才伟（E. C. Jones）和徐光荣（R. Scott）两任校长居所，1945年被基督徒聚会处兴办人倪柝声购买，给该组织的圣职人员、教友使用，他本人也曾在此居住。2013年整修后辟为“加德纳展示馆”，展示中美鼓岭民间友谊的主角——加德纳及其家人的历史影像、实物资料。

李世甲别墅坐东向西，为 2 层混合结构中西合璧风格，面阔 17.9 米，进深 15.6 米。正立面一、二层设外廊，一层开隔扇门，二层为拱门，走廊设鹅颈靠背木栏杆。左右两侧各有一个进出别墅的石阶梯，还建有 3 扇避风石墙。

该别墅原为万兴洋行（Frank H. England & Co.）所有，1936 年李世甲购得该建筑产权，故被称作李世甲别墅。

李世甲（1894—1970），福州市长乐区人。14 岁时被烟台水师学堂

李世甲别墅，位于晋安区鼓岭宜夏村梁厝 1 号，始建于 19 世纪 90 年代，21 世纪 10 年代重建

录取，学习驾驶，毕业后入南京海军军官学校深造。1915 年被举荐留学美国，回国后历任豫章、通济等舰舰长。1926 年年底，率舰进入乌龙江，参与歼灭军阀张毅残敌。1928 年升任民国海军部总务司司长，兼江南造船所监造官。1934 年任马尾要塞司令，次年授海军少将军衔。1941 年 4 月 19 日，率驻闽海军在闽江口顽强抗击日军，但因实力悬殊，次日福州沦陷。李世甲退至鼓岭，苦战两昼夜后突围，转移至古田水口一带布防，做好反攻准备。1944 年 9 月，日军再犯福州，李世甲又率军在连江长门、岭头及晋安区鼓岭等地与之英勇激战七昼夜。1945 年日本投降时，作为民国政府代表接收厦门、台湾日伪海军。新中国成立后任福建省政协委员、

古堡别墅，位于晋安区鼓岭宜夏村三保埕 29 号，紧邻盘山公路，约建于 20 世纪 10 年代

省政协台湾工作组秘书。

2015年，福建教育出版社“大梦书屋”进驻鼓岭李世甲别墅，将其打造成一个集文化阅读、咖啡轻食、艺文现场为一体的复合体验空间，成为人们接受革命传统教育和提高人文素养的精神阵地。

古堡别墅坐北朝南，系2层石木结构建筑。南立面建有突出的半圆形角楼，西侧设置石扶梯。二层东侧是外廊，平面呈L形，宽敞通透。乱毛石墙原始、自然，与环境融为一体。建筑周边林木茂盛，生态优美，夏日凉风习习，令人心旷神怡，非常适合避暑休假。

古堡别墅依山而建，造型独特，结构坚实，具有复古情调。现经修缮作为民宿，取名“梅森古堡”，每到节假日总能吸引众多游客。

第十一章 其他建筑

近代西方先进科技文化的传入，对福州的文教、医疗、生产及生活等各方面都产生了巨大的影响。在建筑领域，它们促进了各种功能类型建筑的产生、发展与完善，丰富了民众的居住方式及精神生活。本章以建成时间为序，介绍一些具有特殊功用的近代西式建筑及其人文内涵。

乐群楼坐北朝南，为2层砖木结构殖民式建筑。建筑平面呈L形，占地面积约620平方米。底部架空，架空层因山势而建，高度不一。南立面中部设门廊，门廊上方为露台。一层设方柱联拱券外廊，二层不发券，

乐群楼，位于仓山区乐群路8号，1854年动工建设，1859年落成

檐口装饰枭混曲线断面线脚。乐群楼是福州最早设立的洋人俱乐部，也是中国现存最早的西式娱乐性建筑。

福州开埠后洋人陆续进驻仓山，于是各国领事馆共同集资建造了乐群楼，作为各国侨民团体聚会、娱乐的场所，因此有“万国俱乐部”之称。又因为内设弹子游艺室，本地人也称其为“弹子房”。乐群楼一层设舞厅、球馆、游艺室，二层是图书馆，洋人可以在楼内组织舞会、运动、展览及读书休闲等活动。乐群楼虽然仅限洋人出入，但那时还是个健康的公众活动场所。到了 20 世纪 30、40 年代，性质发生了变化，国民党政府官员、富商、汉奸占据了乐群楼，他们在此吃喝玩乐，醉生梦死，搞得乌烟瘴气。抗日战争期间日军将乐群楼辟为慰安所，其恶行罄竹难书，令世人憎恶。

20 世纪 50 年代乐群楼用作民宅，内外均被改造。2013 年，乐群楼被公布为福建省省级文物保护单位。21 世纪 10 年代末迁走楼内居民，并于 2020 年按原样修复完成。

独立厅坐东向西，为 2 层砖木结构中西混合式建筑，占地面积约 570 平方米。青砖外墙，花岗岩勒脚，石制大门框。西立面装饰壁柱，壁柱贯通立面。室内设两个天井，屋顶为木桁架结构，屋面覆小青瓦。整体风格简洁素雅，质朴端庄。

独立厅是福州辛亥革命的历史见证。1905 年，郑祖荫、林斯琛、郑权等在该建筑内设立桥南公益社（亦称桥南社），郑守馨任社长。社内分设体育会、去毒社、救火会、阅报社等，借发展体育、查禁鸦片、义务救火等地方公益事业掩护革命活动。1906 年夏成立中国同盟会福建支会，推选郑祖荫为会长，桥南公益社成为福建民主革命党人的大本营。1911 年支会创办《建言报》，宣传自由与民主，以期唤醒国民，共同反对清朝封建君主专制。同年郑祖荫与福建同盟会革命党人在此策划并宣誓

独立厅，位于仓山区梅坞路57号，约建于20世纪初

后共赴广州起义。武昌起义前夕，郑祖荫成功策反清军实权人物孙道仁、许崇智加入革命队伍。1911年11月9日，郑祖荫、黄乃裳等同盟会成员率领革命军协助起义部队作战，取得于山战役大捷，福州光复，成为全国最先光复的城市之一。1912年4月20日晨，孙中山与宋庆龄抵达福州，受邀到桥南公益社与福建同盟会成员座谈。孙中山尤其关心闽籍黄花岗烈士家属情况，寄语向他们表示诚挚慰问。孙中山还为桥南公益社题写“独立厅”三字，并与福建同人合影留念。福建同盟会将“独立厅”制成匾

额悬挂于大堂正中，从此桥南公益社以独立厅命名。

1983 年，独立厅以“中国同盟会福建支部旧址”的名称被公布为福州市市级文物保护单位。2011 年在纪念辛亥革命 100 周年之际修复完成，作为辛亥革命史料展展馆和仓山区文化馆使用。

鼓岭邮局面向西南，为单层石木结构建筑，面积约 300 平方米。乱毛石外墙，双面坡屋顶。入门为营业柜台，另有局长室、办公室、信差房、

鼓岭邮局，又称鼓岭夏季邮局，位于晋安区鼓岭宜夏村旧街崎头顶 43 号。原建筑于 1905 年由闽海关拨银建造，2012 年 8 月福州市政府在原址复原了鼓岭邮局

厨房、天井等。建筑小巧玲珑，布局紧凑，功能完备，是我国早期五个著名的夏季邮局之一，隶属福州邮务总局。

1902 年 6 月 18 日，鼓岭邮局正式成立，主要是为夏天到鼓岭避暑的中外人士服务，业务包括收寄、投递信函、包裹、报纸、杂志和代办汇款等。营业时间为每年端午节后开张，中秋节后歇业。当时福州的邮差每天一次从福州市内挑着邮件上鼓岭，再由鼓岭邮局的邮差投递到户，后来增加为每天两次。在偏僻的山区还能与世界各地保持联系，也是鼓岭成名的因素之一。

清末至 1958 年汉语拼音公布前，都是采用威妥玛式拼音来拼写中国的人名、地名等，福建、广东、广西、江西等地基本以方言发音为准，故有“KULING”“FOOCHOW”等拼音词汇。1911 年夏天，传教士加德纳寄往美国信件上“福州鼓岭·KULING”的邮戳印记，使百年往事得以解密，演绎了一段中美民间友谊佳话。

鼓岭邮局除抗日战争期间暂时关闭外，其余年份都在夏季正常营业，直至 1948 年停办。2012 年 9 月 27 日鼓岭邮局重新开业，同日发行纪念鼓岭邮局成立 110 周年的“鼓岭首日封”，以及一套鼓岭风光明信片，明信片封套上印有一个邮戳和一句话：一枚小小的邮戳引发一段动人的鼓岭故事……

鼓岭万国公益社坐北朝南，为单层石木结构西式建筑。面阔 24.3 米，进深 17.6 米，占地约 430 平方米。石砌外墙，中间四开间内凹为外廊。东侧山墙前部随屋面层层叠落成阶梯式，后部与北面防风墙等高，呈直角围合成一体。三面坡小青瓦屋面，屋顶为三角形木桁架结构，直接架设于石砌承重外墙上，使 300 多平方米的空间不设一根承重柱，形成宽敞的室内活动场地。公益社内设办公室、礼堂、化妆室、更衣室、卫生间、

鼓岭万国公益社，位于晋安区鼓岭宜夏村三保埕11号，建于1914年

厨房以及食品储存室。外围西侧的空地建有轿亭，是当年停轿子的地方，相当于现在的停车场。

1887年外国人成立鼓岭联盟会，亦称万国公益社，是外国侨民民间组织设在鼓岭的办公处。成立联盟会的目的是组织各国侨民在鼓岭的各项社交、文艺活动，每位侨民只需缴纳50美分即可入会，缴纳的经费用于日常活动开支。公益社做了许多公益、慈善事业，如1887年在鼓岭的三保埕创办岚光小学，聘请华人张亨恩及其儿子张利棠任教，中外学生同班上课，而且一律免费；发起并创办了梁厝村侨民医院、鼓岭邮局等。还有如向游人出租房屋、雇佣挑夫、代收邮件等，都是公益社义务服务范畴。

2022 年，鼓岭万国公益社被公布为福州市市级文物保护单位，如今被整修如故，作为鼓岭举办各种展览的场所。

福州青年会大楼坐西向东，位于解放大桥桥畔。大楼红砖砌筑，庞大方正，气势恢宏，曾是福州近代最早、最大的一座综合性大楼。东立面中央双合式台阶为大楼入口通道，两端房间向前凸出，中间为列柱外廊，上有宽阔的露台，是举办室外活动的空间。时任福建巡按使许世英为大门题写了“道义之门”匾额。大楼东北转角处镶嵌奠基石，奠基石一面阴刻“为

福州青年会大楼，位于台江区苍霞路 13 号，为福州基督教青年会的主会所，1914 年奠基，1916 年竣工

服务也非以役人”会训及奠基日期，另一面镌刻会徽，上有图标及“德育、体育、智育”的口号。楼内设施齐全，设备先进，设有教室、舞厅、游泳池、健身房、图书馆、西餐厅、电影院、旅馆等，以及福州当时唯一的室内灯光篮、排球两用球场，还配置游泳池过滤设备。在当时，福州青年会是时尚、潮流的代名词。

基督教青年会（Young Men's Christian Association，简称YMCA），成立于1844年6月6日，是由英国商人乔治·威廉（George William）创办的总部设于伦敦的社会活动机构，其宗旨是通过坚定信仰和服务社会活动，促使青年在“德、智、体、群”方面全面发展。

1904年，传教士裨益知（Willard Livingstone Beard）在福州创办基督教青年会。1910年黄乃裳接任福州基督教青年会会长，为了让青年会成员有个固定的活动场所，方便联络各界人士，决定在苍霞洲筹建会所。黄乃裳捐款45000银圆用于购置地皮，美国基督教卫理公会、公理会、英国基督教圣公会的捐款，以及美国总统西奥多·罗斯福（Theodore Roosevelt）捐给基督教青年会组织的12万美元（他获得的诺贝尔和平奖奖金），一起作为福州青年会大楼的建设费用。大楼建成后成为福建青年学习文化，开展文体活动，议论时政，策划、组织爱国行动的场所。陈宝琛、林纾、严复、萨镇冰、林徽因、冰心等曾莅临。

“黄案事件”发生后，日本当局认为，如果不及时打击青年会学生，他们领导的反抗日本侵略、抵制日货行动会一浪高过一浪，将给日方带来不可估量的损失和影响。于是经过预谋，在1919年11月16日下午，日本驻闽领事馆纠合了一支60余人的敢死队，报复青年会学生。他们在台江一带遇学生就刀刺棍打、开枪射击，致重伤者10余人，轻伤者无数。伤者中除了青年会学生外，还有青年会一美国教员、值班的警察和过往群众。这就是震惊中外的“台江惨案”。该事件引发全国再掀反帝斗争的大浪潮，开展更为激烈的抵制日货运动。虽然由于北洋政府的软弱与妥协，日本报复中国民众反日情绪的目的得逞，但迫使日本政府公开道歉、撤换领事、撤走军舰、赔偿损失、承担道义责任等，成为中国政府对帝国主义外交斗争的首次胜利。

1936 年 2 月，郁达夫应时任福建省政府主席陈仪之邀来福州任省府参议，在福州青年会大楼四层面江的一间房子里居住了五六个月。其间，郁达夫在青年会发表了“中国新文学展望”的公开演讲，号召福州文化界人士继承民族英雄戚继光的爱国精神，以民族解放为己任，运用文艺形式宣传抗日必胜的信念，鼓舞前线作战部队士气。1937 年 10 月 17 日，郁达夫身先士卒，带头成立“福州文化界抗日救亡协会”并出任理事长。

福州青年会大楼由以设计基督教青年会会馆著称的美国芝加哥沙塔克·何塞建筑事务所（Shattuck & Hussey Architects）设计。新中国成立后，大楼成为福州市第十三中学（后改为福州市财政金融职业中专学校）校舍。2008 年福建汇源投资有限公司接手改造，将其开发成餐饮、娱乐、商业、休闲于一体的一站式消费中心。2022 年伊始，台江区政府又对周边环境和景观进行优化整合，建成“青年广场”和“青年桥”，将青年会与北江滨、苍霞、上下杭、中亭街等文化旅游资源融合起来。福州青年会大楼将以崭新的面貌服务于公众。

思万楼为 3 层罗马风格塔形钟楼，矗立在正对着学校大门的斜坡上。钟楼高约 18 米，红砖砌筑，花岗岩勒脚。底层面积最大，二、三层变小。每层四面连续拱券，一层每面券洞上方都有泥塑“思万楼”匾额。顶层粉刷成白色，里面悬挂大钟，顶部为雉堞女儿墙。大钟紫铜铸就，直径约 1 米，高约 1.30 米，系爱尔兰都伯林威尔逊公园基督堂所赠。钟楼上嵌奠基石，奠基石字迹漫漶，依稀可辨“民国八年九月，恒会督奠基”等字样。

思万楼，位于仓山区公园路 39 号福州外国语学校内，1919 年奠基，1925 年建成

1907 年，爱尔兰都柏林大学圣三一学院的万拔文（W. S. Pakenham-Walsh）不远万里来到仓山，帮助教会购买了俄国领事馆及周围四座洋房和园地，又新盖两座大楼，创办了圣马可书院，并担任首任校长。1912 年，英国圣公会将圣马可书院与广学书院、榕南两等小学合并，以原圣马可书院为校址，成立三一学校。1919 年万拔文离职，为纪念这位和蔼可亲的校长，校友们自发筹款兴建思万楼。

思万楼现为仓山区仅存的罗马式建筑，2020 年被公布为福州市市级文物保护单位。

鼓岭游泳池由混凝土构筑，平面为矩形，长 18.5 米，宽 10.2 米。游

鼓岭游泳池、更衣室，位于晋安区鼓岭宜夏村三叉路 38 号，建于 1937 年

泳池底部呈斜坡状，分成浅水区和深水区，最深处达 2.4 米。游泳池用水引自山泉，有钢爬梯上下泳池。更衣室为附属建筑，面向西北，单层，石木结构，内设更衣、沐浴间。

当年，游泳池给在鼓岭避暑的外国人及当地居民带来欢乐，现今已修葺一新，供中外游客参观、怀古，而更衣室则辟为福州软木画艺术展示馆，用于传播闽都民间美术文化。

鲁贻图书馆坐南朝北，为砖木结构英国安妮女王风格建筑，占地面积 369.2 平方米。依地势前半部分作 1 层，并架空约 0.8 米，后半部分建 3 层，直接落地，因此前后产生错层，使得内部相连通道以楼梯过渡。北

鲁贻图书馆，位于仓山区麦园路 13 号，建于 1944 年

立面左右对称，两端为凸起的多边形角楼，正中设垂带踏跺。建筑内设办公室、阅览室、会议室、客厅、卧室等。

鲁贻图书馆由福建军统首领江秀清等人创立，以纪念福州辛亥元老黄展云。因此，鲁贻图书馆除了图书借阅的实用功能，还具有精神激励的作用。

黄展云（1875—1938），字鲁贻，祖籍永福县（今永泰县）白云乡。1899 年，与堂兄黄翼云、表兄林万里及革命志士方声涛、郑权等人共同创办福州第一所新式学堂——蒙学堂，也是中国最早宣传革命思想的小学堂。1911 年，参与策划并亲自参加福州于山战役，以响应辛亥革命，为闽都光复呕心沥血，奋不顾身。1914 年，参加中华革命党，出任孙中山的秘书。1917 年，孙中山在广东护法，黄展云奉命留在上海筹集斗争经费和联络革命志士。1919 年，创办《福建民报》，因抨击北洋军阀暴政、支持学生爱国反帝运动而被捕。1927 年 8 月，任福建省农工厅厅长，将长乐县营前村作为推行农工政策的试验点，成立营前乡自治筹备委员会。1932 年 10 月，出版《营前模范村概况》一书，宣扬乡村自治，希望在全省推广廉洁模范村建设经验，进而成为中国乡村建设的范本。1935 年 9 月，前往南京，任全国侨务委员会委员。1937 年 5 月，营救中共党员李庚出狱，同时彻悟到只有中国共产党才能拯救中华民族。抗日战争爆发后，黄展云到武汉准备联系中国共产党一同组织抗日武装力量，却突发重疾，于 1938 年 7 月 16 日在汉口去世。

黄展云一生追求民族独立与尊严，对祖国赤胆忠诚。1992 年，中共福州市委宣传部部长林爱枝在“纪念黄展云创办营前模范村 65 周年暨学术讨论会”上，这样评价黄展云：“是中国近代史的名人，对国家和乡土都有过积极的贡献。作为一个民主革命者、爱国者和关心群众疾苦的社会改革者，他值得后人学习的地方很多……”

与鲁贻图书馆一街之隔的是麦顶小学，其前身系黄展云创办并担任首任校长的私立独青小学。学校内尚存青石碑一块，上书“黄鲁贻先生纪念碑”，可见鲁贻图书馆的选址是有一定用意的。

20 世纪 60 年代，鲁贻图书馆先后作为华侨幼儿园、仓山邮电局使用。1988 年被公布为仓山区区级文物保护单位。1991 年修缮，现为福州市文学艺术界联合会、烟山画院使用。

参考文献

1. 杨秉德，蔡萌．中国近代建筑史话［M］．北京：机械工业出版社，2004.

2. 福州市政协文史资料委员会，编．鼓岭史话［M］．福州：海峡书局，2012.

3. 曾意丹．福州古厝：第2版［M］．福州：福建人民出版社，2019.

4. 中共中央马克思恩格斯列宁斯大林著作编译局．马克思恩格斯选集［M］．北京：人民出版社，1972.

5. 福州老建筑百科［EB/OL］.［2019-03-21］. http://www.fzcuo.com.

6. 福州市政协文史资料委员会，编．烟台山史话［M］．福州：海峡书局，2014.

7. 福州市城乡建设志编纂委员会，编．福州市城乡建设志：上、下卷［M］．北京：中国建筑工业出版社，1994.

8. 朱永春．福州近代建筑史［M］．北京：科学出版社，2017.

9. 王其钧，编著．西方建筑图解词典：第2版［M］．北京：机械工业出版社，2021.

10. 中国人民政治协商会议福建省委员会文史资料编辑室，编．福建文史资料：第一辑［M］．福州：福建人民出版社，1962.

11. 仓山区地方志编纂委员会，编．仓山区志［M］．福州：福建教育出版社，1994.

12. 陈道章．马尾史话：上册［Z］．福州：福州市马尾区文化局印行，

1991.

13. 石建国，主编．福州革命史［M］．北京：中央文献出版社，1999.

14. 杨静南．鼓岭随想［J］．闽都文化，2014（2）：16–22.

15. 徐晓望．鸦片战争前后中英茶叶贸易的口岸之争［J］．福建论坛（人文社会科学版），2015（8）：99–106.

16. 戴显群，李静蓉．论福州仓山近代建筑的历史价值与保护［J］．福建地理，2006（2）：89–106.

17. 薛菁．福州烟台山近代建筑的历史文化价值[J]．闽都文化，2014(6)：90–96.

18. 薛颖．19世纪下半叶福州居留地建设概况[J]．中外建筑，2004(3)：85–87.

19. 许超．南台往事［J］．闽都文化，2020（1）：42–47.

20. 赵君尧．由封闭走向开放——福州城中轴线上的朱紫坊、上下杭、烟台山（下）［J］．政协天地，2014（4）：58–59.

21. 福州市仓山区政协委员会，编．仓山宗教文化萃编［Z］．内部资料，2005.

22. 张治江，李芳园．基督教文化［M］．长春：长春出版社，1992.

23. 《福州市宗教志》编纂委员会，编著．福州市宗教志［M］．福州：福建人民出版社，2000.

24. 吕厚轩，张伟．清末基督教在华传教策略改变述论［J］．济南大学学报（社会科学版），2004（6）：34–37，92.

25. 刘哲．五口通商时期中国民间对西方文明的反应［J］．吉林师范学院学报，1997（4）：30–33.

26. 刘智颖，朱永春．福州近代教堂与传统建筑的互动［J］．福州大学学报（自然科学版），2005（5）：633-637.

27. 卢公明．中国人的社会生活[M]. 陈泽平，译．福州：福建人民出版社，2009.

28. 鼓楼区地方志编纂委员会，编．鼓楼区志：上、下册［M］．北京：方志出版社，2001.

29. 夏征农，陈至立，主编．辞海：第六版缩印本［M］．上海：上海辞书出版社，2010.

30. 戴一峰．近代洋关制度形成时期清政府态度剖析［J］．中国社会经济史研究，1992（3）：81-88.

31. 文松．近代中国海关雇用洋员的历史原因探析［J］．北京联合大学学报（人文社会科学版），2004（6）：41-46.

32. 岳峰，兰春寿，李启辉，主编．福州烟台山：文化翡翠［M］．福州：福建人民出版社，2021.

33. 中国人民政治协商会议福建省委员会文史资料研究委员会，编．福建文史资料：第十辑［Z］．福州：福州市计委印刷厂，1985.

34. 张洪祥．近代中国通商口岸与租界［M］．天津：天津人民出版社，1993.

35. 黄家信．论五口通商时期的中西贸易［J］．广西师范大学学报（哲学社会科学版），1999（1）：76-79.

36. 郑乃辉，杨江帆．论五口通商至清末福建茶叶的发展与进步［J］．福建农林大学学报（哲学社会科学版），2006（3）：89-93.

37. 刘锡涛．试探福建茶叶生产及近代茶叶外贸鼎盛的原因［J］．广东茶叶，2013（4）：5-7.

38. 付娟．论五口通商时期的鸦片走私及英国对华鸦片政策的确立［J］．

西南民族大学学报（人文社科版），2005（5）：344-346.
39. 吴麒．开埠后福州商业街区及建筑研究［D］．泉州：华侨大学，2007.
40. 高海燕．近代外国在华洋行、银行与中国钱庄［J］．社会科学辑刊，2003（2）：148-153.
41. 高瑞华．五口通商后福州港对外茶叶贸易的兴衰［J］．广东茶叶，2019（4）：28-33.
42. 刘少明，叶小辉，叶乃兴．五口通商至清末时期福州港茶叶贸易变迁与启示［J］．海关与经贸研究，2016（3）：65-73.
43. 福州金融志编纂委员会，编．福州金融志［Z］．福州：福州金融志编纂委员会编印．榕志委［1995］12号，1995.
44. 刘诗平．洋行之王：怡和与它的商业帝国［M］．北京：中信出版社，2010.
45. 赖华辉．甲午中日战争前的福建近代洋行［J］．龙岩师专学报（社会科学版），1996（1）：93-100.
46. 谢必震，主编．图说华南女子学院（1908—2008）［M］．福州：福建教育出版社，2008.
47. 中国人民政治协商会议福建省委员会文史资料编辑室，编．福建文史资料：第二十辑［Z］．福州：福州市计委印刷厂，1988.
48. 闽都古厝 | 福建协和大学旧址［EB/OL］.［2021-12-25］. https://mp.weixin.qq.com/s/ s75QPd8Tnj6ptRfwTlKCDg.
49. 中国人民政治协商会议福建省委员会文史资料编辑室，编．福建文史资料：第二十三辑［Z］．福州：福州市计委印刷厂，1990.
50. 朱潮，主编．中外医学教育史［M］．上海：上海医科大学出版社，1988.

51. 陈雁．传教士与近代中国的西医教育［J］．重庆教育学院学报，2008（1）：88-91.

52. 秦永杰，王云贵．传教士对中国近代医学的贡献［J］．医学与哲学（人文社会医学版），2006（7）：59-60.

53. 李传斌．晚清教会医院慈善医疗演变述论［J］．安徽史学，2015（11）：75-81.

54. 百年协和——伟大而不朽的奉献精神［EB/OL］．［2021-06-18］．http://www.chaj.com.cn/bnjs/bngc/2012-06-26/10545.html,2012-06-26/2021-12-31.

55. 红楼记事［EB/OL］．［2021-06-18］． https: //www.fjxiehe. com/yygk/ lsyg/yscl/201101/ t20110104 _8066.htm.

56. 福建船政对马尾宗教文化的影响（二）［EB/OL］．［2021-06-22］．https://www.mwnews.cn/ html/10/2013-11-07/11014412138.shtml.

57. 船政文物建筑——圣教医院［EB/OL］．［2021-06-22］．https://weibo.com/5120951151/ Hg9UjiRK1?type=comment.

58. 福州市社会科学院，中共福州马尾区委宣传部，编著．百年船政［M］．福州：海潮摄影艺术出版社，2008.

59. 福州．俄国茶行．又一座历史建筑死亡中［EB/OL］．［2021-08-23］．http://blog.sina.com.cn/s/blog_4df311a30100a2 po.html.

60. 曾意丹，编．福州旧影［M］．北京：人民美术出版社，2000.

61. 马尾土地志编纂办公室，编．马尾土地志［Z］．［出版者不详］，1995.

62. 阮章魁，编著．福州民居营建技术［M］．北京：中国建筑工业出版社，2016.

63. 李芳．马尾船政文化考评［J］．中共福建省委党校学报，2003（11）：

60-64.

64. 李振翔．马尾船政建筑钩沉［J］．同济大学学报（社会科学版），2004（2）：47-51.

65. 李海霞，马品磊．福州近代工业建筑遗产述略［J］．遗产与保护研究，2017（1）：1-7.

66. 福州市地方志编纂委员会，编．福州市志：第二册［M］．北京：方志出版社，1998.

67. 中国人民政治协商会议福建省委员会文史资料研究委员会，编．福建文史资料：第八辑［M］．福州：福建人民出版社，1984.

68. 中国人民政治协商会议福建省委员会文史资料研究委员会，福州市马尾区政协，编．福建文史资料：第十五辑［M］．福州：福建人民出版社，1986.

69. 福州市台江区政协文史资料委员会，编．台江文史资料：第十七辑［Z］．福州：榕新（2001）内书第53号，2001.

70. 福州市台江区政府，福州市台江区政协，编．福州双杭志［M］．北京：方志出版社，2006.

71. 台江区地方志编纂委员会，编．台江区志［M］．北京：方志出版社，1997.

72. 福州市政协文史资料委员会，编．上下杭史话［M］．福州：海峡书局，2013.

73. 王大同．“福州惨案”和中国人民的反日斗争［J］．福建师范大学学报（哲学社会科学版），1988（1）：99-105.

74. 马尾船政官街入口公园改造提升工程完工［EB/OL］．［2021-12-03］．https://new.qq.com/rain/a/20200527A0AG7N00.

75. 黄乃裳与双杭街［EB/OL］．［2021-08-13］．http://culture.fznews.

com.cn/minhaishenzhou/2014-12-1/20141210VH5UJZcRR154046.shtml.

76. 福州市仓山区政协，福州市仓山区烟台山管委会，编．行走烟台山［M］．厦门：鹭江出版社，2016.

77. 潘群，主编．福州老铺［M］．福州：福建人民出版社，2002.

78. 福州市地方志编纂委员会，编．福州人名志［M］．福州：海潮摄影艺术出版社，2007.

79. 这街巷在福州繁荣了数百年 住过林徽因等名人无数［EB/OL］．［2021-09-23］．https://fz.focus.cn/zixun/4ef295c618775b5d.html.

80. 方惠坚，张思敬，主编．清华大学志［M］．北京：清华大学出版社，2001.

81. 福州市仓山区政协委员会，编．仓山历史文化景观萃编［Z］．内部资料，2003.

82. 孟丰敏．流翠烟台山［M］．福州：海峡书局，2016.

83. 《福州百科全书》编辑委员会，编．福州百科全书［M］．北京：中国大百科全书出版社，1994.

84. 政协福州市鼓楼区委员会，编．鼓楼俊采［Z］．福州：福建省新闻出版局，2012.

85. 中国人民政治协商会议福建省委员会文史资料编辑室，编．福建文史资料：第六辑［M］．福州：福建人民出版社，1981.

86. 中国人民政治协商会议福建省委员会文史资料研究委员会，编．福建文史资料：第十九辑［Z］．福州：福州市计委印刷厂，1988.

87. 福州市政协文史资料和学习宣传委员会，编．冶山史话［M］．福州：福建人民出版社，2016.

88. 中共福州市仓山区委党史研究室，编．仓山人民革命史［M］．北京：中共党史出版社，2011.

后 记

老洋房是普通话称谓，福州方言称之为“番仔厝”。

我是土生土长的福州人，少年时就对这些异域特色鲜明、被当地人称作“番仔厝”的老房子表现出极大的好奇心。随着年龄的增长，知识的增加，以及从事与建筑相关的研究工作，我有了勇气和信心去揭开福州老洋房的秘密，以让更多的人了解它的历史。

建筑似一部史书，各章节上下关联，有一定的衍变规律可循。可是到了老洋房这一章节却发生了戏剧性的突变，不同类型建筑的产生各有情节，而且内容精彩纷呈，感人心脾，这些成了我写作本书的强大精神动力。

本书得到福建省社会科学普及出版资助项目资助。书中建筑的专业问题得到我校同人黄运铨、刘丹、高鹏等几位老师的悉心指正。省社科联审稿专家对书稿提出宝贵修改意见，省社科联学会部（社科普及部）也给予大力支持。在田野调查、书稿的创作过程中，得到我的夫人林红的陪伴与支持。在此谨致谢忱！

书稿即将付梓，高兴之余未免忐忑，因本人学识水平有限，不足之处肯定有之，希望得到各位方家赐教。

林曦

于闽都抚云轩

2022 年 12 月